Pablo Picasso

Pablo Picasso

John W. Selfridge
Traducción por
Francisca González Arias

CHELSEA HOUSE PUBLISHERS

NEW YORK ■ PHILADELPHIA

CHELSEA HOUSE PUBLISHERS

Director editorial: Richard Rennert
Editor gerente ejecutivo: Karyn Gullen Browne
Jefe de redacción: Robin James
Jefe de fotografías: Adrian G. Allen
Director de arte y diseño: Robert Mitchell
Director de fabricación: Gerald Levine

HISPANICS NOTABLES
Editor Jefe: Philip Koslow

Equipo editorial para *PABLO PICASSO*
Editor: David Carter
Editor de pruebas: Nicole Greenblatt
Assistente de redacción: Mary B. Sisson
Diseño: M. Cambraia Magalhães, Lydia Rivera
Investigación fotográfica: Patricia Burns
Portada: Bradford Brown

Primera edición

1   3   5   7   9   8   6   4   2

Library of Congress Cataloging-in-Publication Data
Selfridge, John W.
[Pablo Picasso. Spanish]
Pablo Picasso / John W. Selfridge; traducción por Francisca González-Arias.
p. cm.—(Hispanos notables)
Includes bibliographical references and index.
ISBN 0-7910-3101-2
1. Picasso, Pablo, 1881-1973—Juvenile literature. 2. Painters—France—Biography—
Juvenile literature. [1. Picasso, Pablo, 1881-1973. 2. Artists. 3. Spanish language
materials.] I. Series.
94-15620
[ND553.P5S399718 1994]
CIP
759.4—dc20
AC
[B]

CONTENIDO

CÉSAR CHÁVEZ
Líder obrero mexicanoamericano

ROBERTO CLEMENTE
Jugador puertorriqueño de béisbol

PLÁCIDO DOMINGO
Cantante español

JUAN GONZÁLEZ
Jugador puertorriqueño de béisbol

GLORIA ESTEFAN
Cantante cubanoamericana

FRIDA KAHLO
Pintora mexicana

PABLO PICASSO
Artista español

DIEGO RIVERA
Pintor mexicano

JUNÍPERO SERRA
Misionero y explorador español

PANCHO VILLA
Revolucionario mexicano

CHELSEA HOUSE PUBLISHERS

HISPANOS NOTABLES

Rodolfo Cardona

El idioma español y muchos elementos de las culturas hispánicas son parte integral de la cultura actual de los Estados Unidos como igualmente lo fueron desde los comienzos de esta nación. Algunos de estos elementos provienen directamente de la Península Ibérica; otros, indirectamente, de México, del Caribe, y de los países de la América Central y la América del Sur.

La influencia de las culturas hispánicas en los Estados Unidos ha sido tan sutil que muchas personas no han percibido la profundidad de su impacto. La mayoría reconoce la influencia de la cultura española en los Estados Unidos, pero muchas personas no han llegado a darse cabal cuenta de la gran importancia y larga historia de esa influencia. Eso se debe en parte a que en los Estados Unidos se tiende a juzgar la influencia hispánica sólo en términos estadísticos, en lugar de observar detalladamente el impacto individual que algunos hispanos han tenido en esta cultura.

Por lo tanto, resulta lógico que en los Estados Unidos se adquiera algo más que un conocimiento superficial de los orígenes de estos elementos culturales hispánicos y de que se llegue a comprender mejor cómo estos elementos han llegado a formar parte integral de la sociedad estadounidense.

7

Existe abundante documentación que prueba que los navegantes españoles fueron los primeros en explorar y colonizar territorios que hoy se conocen con el nombre de los Estados Unidos de América. Es por esta razón que los estudiantes de geografía descubren nombres españoles por todo el mapa de los Estados Unidos. Por ejemplo, al Estrecho de Juan de Fuca se le dió ese nombre en honor al explorador español que primero navegó por el Pacífico en las costas del noroeste. Muchos de los nombres de los estados son de origen español, tales como Arizona (zona árida), Montana (montaña), la Florida (llamado así porque el día en que los exploradores españoles llegaron por primera vez a ese territorio fue un domingo de Pascua Florida), y California (nombre de un país ficticio en una de las primeras y famosas novelas españolas de caballeros andantes, el *Amadís de Gaula*), así como muchos de los nombres, también de origen español, de montañas, ríos, desfiladeros, pueblos y ciudades de los Estados Unidos.

Aparte de los exploradores, muchas otros personajes en la historia de España han contribuido a definir la cultura de los Estados Unidos. Por ejemplo, Alfonso X, también llamado Alfonso el Sabio y rey de España durante el siglo XIII, tal vez sea desconocido para la mayoría de los estadounidenses, pero su labor de codificación de las leyes de España ha tenido gran influencia en la evolución de las leyes de los Estados Unidos, particularmente en las jurisdicciones del suroeste del país. Por esta razón hay una estatua de este rey en Washington, D.C., en la rotonda de la capital. También el nombre de Diego Rivera tal vez sea desconocido para la mayoría de los estadounidenses, pero puede verse la influencia de este pintor mexicano en las obras comisionadas durante la Gran Depresión y la era del Nuevo Trato de los años treinta que hoy adornan las paredes de los edificios del gobierno en todos los Estados Unidos. En años recientes, la contribución de puertorriqueños, mexicanos, mexicanoamericanos (chicanos) y cubanos en ciudades como Boston, Chicago, Los Angeles, Miami, Minneapolis, Nueva York y San Antonio, ha sido enorme.

La importancia del idioma español en este gran complejo cultural es incalculable. Hay que tener en cuenta que, después del inglés, el español es el idioma occidental que más se habla, tanto dentro de los Estados Unidos como en el resto del mundo. La popularidad del idioma español en el territorio de los Estados Unidos tiene una larga historia.

Aparte de los exploradores españoles del Nuevo Mundo, la gran tradición literaria de España contribuyó a traer el idioma y la cultura española a este continente. El interés por la literatura española en lo que hoy son los Estados Unidos comenzó cuando los inmigrantes ingleses trajeron consigo traducciones de las obras maestras españolas de la Edad de Oro. Ya en el año 1683, en bibliotecas privadas en Filadelfia y Boston existían copias de la primera novela picaresca, *Lazarillo de Tormes;* traducciones de *Los Sueños* de Francisco de Quevedo; y copias de la épica inmortal, fantástica y realista a la vez, *Don Quijote de la Mancha,* del gran escritor español Miguel de Cervantes. Es muy posible que Cotton Mather, el puritano por excelencia, haya leído *Don Quijote* en la versión original española, aunque fuese con objeto de aumentar su vocabulario para escribir *La fe del cristiano en 24 artículos de la Institución de Cristo, enviada a los españoles para que abran sus ojos,* publicado en Boston en 1699.

A través de los años los escritores españoles han tenido gran influencia en la literatura de los Estados Unidos, en novelistas tales como Washington Irving, John Steinbeck, Ernest Hemingway, y hasta en poetas como Henry Wadsworth Longfellow y Archibald MacLeish. La tradición literaria española ha dejado su marca en escritores norteamericanos de renombre como James Fenimore Cooper, Edgar Allan Poe, Walt Whitman, Mark Twain y Herman Melville. En algunos escritores como Willa Cather y Maxwell Anderson, que exploraron temas hispánicos a los que estuvieron expuestos en la región suroeste de los Estados Unidos y México, la influencia fue menos directa pero no menos profunda.

Otras personas menos conocidas pero amantes de la cultura hispánica, tales como maestros, impresores, historiadores y nego-

ciantes entre otros, hicieron también importantes contribuciones
a la difusión de esta cultura en los Estados Unidos. Entre estas
contribuciones, una de las más notables es la de Abiel Smith,
quien legó un número de acciones por valor de $20,000 a la
Universidad de Harvard, de donde se había graduado en 1764,
para la creación y mantenimiento de una cátedra de francés y
español. Hacia el año 1819 esa donación ya estaba produciendo
lo suficiente para cubrir los gastos de un profesor. El filólogo
y humanista George Ticknor fue el primero en ocupar la
cátedra Abiel Smith, que fue la primera cátedra dotada de la
Universidad de Harvard. Otras personas ilustres que han
ocupado esa cátedra son los poetas Henry Wadsworth
Longfellow y James Russell Lowell.

Ticknor, profesor y hombre de letras de gran renombre, era
también un ávido coleccionista de libros españoles, y así contribuyó de manera muy special al conocimiento de la cultura
española en los Estados Unidos. Fue responsable de reunir una de
las primeras y más importantes colecciones de libros españoles
para las bibliotecas de Harvard. Tenía además una valiosa colección privada de libros y manuscritos españoles, los que luego
donó a la Biblioteca Pública de Boston.

Con la creación de la cátedra Abiel Smith, cursos de
español y de literatura española formaron parte del programa
de estudios de Harvard. Harvard también llegó a convertirse en
la primera universidad de los Estados Unidos en ofrecer
estudios avanzados en lenguas romances. Paulatinamente otros
colegios y universidades en los Estados Unidos siguieron el
ejemplo de Harvard, y hoy en día se puede estudiar el
idioma español y la cultura hispánica en la mayoría de las
universidades de los Estados Unidos.

Cualquier discusión por breve que sea sobre la influencia
española en los Estados Unidos no estaría completa sin mencionar la influencia hispánica en las artes plásticas. Pintores del
calibre de John Singer Sargent, James A. Whistler, Thomas Eakins
y Mary Cassatt exploraron temas españoles y experimentaron

con técnicas españolas. Hoy en día, prácticamente todos los pintores serios de los Estados Unidos han estudiado las obras maestras clásicas de España al igual que las de los grandes pintores españoles del siglo XX: Salvador Dalí, Juan Miró y Pablo Picasso.

Sin embargo, probablemente ha sido la música latina la que ha ejercido más influencia en los Estados Unidos. Dos ejemplos obvios los tenemos en composiciones como *West Side Story,* de Leonard Bernstein, la latinización del *Romeo y Julieta* de Shakespeare en un barrio puertorriqueño de Neuva York; y *Salón México,* de Aaron Copeland. En general, la influencia de los ritmos latinos—del tango al mambo, de la guaracha a la salsa—se perciben en prácticamente cualquier forma de música en los Estados Unidos.

Esta serie de biografías que Chelsea House ha publicado bajo el título general HISPANOS NOTABLES, representa un reconocimiento más de la contribución de las culturas hispánicas no sólo en los Estados Unidos sino en todo el mundo civilizado, así como también un renovado esfuerzo por difundir entre la juventud de los Estados Unidos el alcance de esta contribución. Los hombres y las mujeres a quienes se dedican los volúmenes de esta serie han tenido gran éxito en sus respectivos campos y han dejado una marca indeleble en la sociedad estadounidense.

El título de esta serie debe considerarse de la forma más amplia posible. Por *hispanos* deben de entenderse españoles, hispanoamericanos, y personas de otros países cuyo idioma y cultura tienen origen español, ya sea directa o indirectamente. Los nombres de muchas de las personas incluidas en esta serie son muy conocidos; otros lo son menos. Sin embargo, todos se han distinguido en sus patrias respectivas y, en muchos casos, su fama es internacional.

La serie HISPANOS NOTABLES se refiere a los éxitos y a las luchas de hispanos en los Estados Unidos y trata de personas cuya vidas privadas o profesionales reflejan la experiencia hispánica en un sentido más general. Estas historias ejemplifican lo que el ser humano puede lograr frente a grandes dificultades, haciendo enormes sacrificios personales, cuando tienen convicción y determinación.

Fray Junípero Serra, el misionero franciscano español del siglo XVIII, es uno de esos personajes. A pesar de no haber gozado de buena salud, dedicó los últimos quince años de su vida a fundar misiones en California, por aquella época un territorio vasto pero poco habitado, a fin de lograr una vida mejor para los americanos nativos, enseñándoles artesanías y la cría de animales domésticos a los habitantes nativos. Un ejemplo de los tiempos actuales es César Chávez, líder obrero mexicanoamericano que ha luchado contra una oposición enconada, haciendo toda clase de sacrificios personales para ayudar a obreros del sector agrícola que han sido explotados por décadas en las plantaciones del suroeste del país.

Los hombres y mujeres de estas historias han tenido que dedicar gran esfuerzo y mucho trabajo para desarrollar sus talentos innatos y hacerlos florecer. Muchos han disfrutado en vida del éxito en sus labores, otros han muerto pobres y olvidados. Algunos llegaron a su meta sólo después de muchos años de esfuerzo, otros han disfrutado del éxito desde temprano, y para algunos la lucha no ha terminado. Todos ellos, sin embargo, han dejado su marca, y debemos reconocer sus éxitos en el presente así como en el futuro.

Pablo Picasso

GUERNICA

Pablo Picasso, fotografiado en 1935. Reconocido ya entonces como la figura más importante del arte moderno, Picasso era también un defensor apasionado de la justicia social y partidario del movimiento democrático en su España natal.

El 12 de abril de 1931, miles de españoles cantaban y bailaban jubilosos en las calles, celebrando el nacimiento de la segunda República española. Nunca habían sentido tanta esperanza por el futuro de España. La monarquía española, que se había vuelto corrupta e ineficaz, se iba del país; el odiado dictador General Miguel Primo de Rivera había sido expulsado el año anterior; la democracia triunfaba. Verdaderamente había razón para celebrar.

Pero las festividades iban a durar poco. La Gran Depresión, que había asolado a los Estados Unidos durante la década de los 30, trajo más desempleo y extendió el hambre por una España ya emprobrecida. A medida que los tiempos empeoraban, miles de personas se lanzaron a la calle para manifestarse exigiendo reformas. Se formaron alianzas políticas contrarias y el nuevo gobierno español era acometido en dos frentes. De un lado estaban las clases adineradas y la Iglesia católica, que seguían controlando las escuelas, las minas, las fábricas, y miles de hectáreas de tierra sin cultivar. Por el otro lado estaban los campesinos, los mineros y los obreros. Los campesinos, que dependían de la tierra para su supervivencia, exigían la reforma de las leyes que regían el uso y la distribución de la tierra. Los obreros clamaban por escuelas públicas gratis, un salario justo, y condiciones de trabajo más seguras. Pero las personas en el poder se hicieron el sordo a estos llamamientos haciendo todo lo posible para mantener su riqueza y no ceder con respecto a reformas políticas y sociales. Por consiguiente, los movimientos de independencia empezaron a arrancar y creció el apoyo por, y el número de socios de, los grupos anarquistas, que abogaban por la abolición total del gobierno para dejar paso al poder popular.

España se sumió en contienda civil en el otoño de 1934, cuando los elementos derechistas chocaron con los campesinos y los mineros que se manifestaban a lo largo del país. En octubre de ese año, los mineros organizaron una huelga con el fin de mejorar las condiciones de trabajo en la región minera de Asturias. El gobierno autorizó al General Francisco Franco para que restaurara el orden. Franco reunió a un ejército poderoso y ordenó a los soldados a disparar contra los mineros en huelga. Mas de mil obreros resultaron muertos en la matanza, y otros 30,000 fueron detenidos y encarcelados. Las fuerzas armadas del país habían librado una guerra contra su propia población civil. En todas partes la gente empezaba silenciosamente a recoger armas y almacenarlas en los desvanes y los sótanos.

Al intensificar la amenaza de la derecha a la República, las facciones en favor de la democracia formaron un partido de coalición, el Frente Popular, con el fin de defender y de proteger la República. Siguiendo este ejemplo, los monarquistas y los fascistas formaron el partido del Frente Nacional. En las elecciones de febrero de 1936, triunfó el Frente Popular, pero los elementos de la derecha declararon las elecciones inválidas y se negaron a aceptar la voluntad popular.

Franco surgió como el líder de los Nacionalistas derechistas. El confiaba que con la ayuda de los católicos conservadores, los terratenientes poderosos y los empresarios ricos llegaría al poder. Al contar con el apoyo de los elementos más conservadores de la sociedad española, Franco formó alianzas con otros generales rebeldes y lanzó una campaña militar con el fin de derrocar el gobierno republicano. El 7 de noviembre de 1936, los nacionalistas avanzaban sobre la ciudad de Madrid. La batalla duró varios días pero los madrileños no se rindieron. Unos 15,000 habían cavado trincheras a lo largo de los límites de la ciudad y persistían en su esfuerzo por alejar a los agresores fascistas. El hecho de que los republicanos estaban

El líder fascista español Francisco Franco (centro) y el canciller alemán Adolfo Hitler (izquierda), fotografiados durante una reunión en 1940. Cuando las tropas de Franco se levantaron contra la República española en 1936, el régimen Nazi de Hitler pronto le proporcionó ayuda en la forma de tropas y armamento moderno.

totalmente comprometidos a defender su gobierno y
de que se declaraban dispuestos a morir por la libertad
y la democracia sorprendió a los Nacionalistas. España
se sumió en una guerra civil.

El bombardeo de Madrid continuaba pero
Franco se concentró sobre el norte y en particular
en Guernica, antigua capital de la República Vasca.
Creía que si pudiera controlar el País Vasco, donde
la gran mayoría de la gente era republicana, él
podría descargar en la causa de la República el
golpe de muerte. Franco le pidió al dictador fascista
de Alemania, Adolfo Hitler, en cuyo apoyo
dependía, que enviara aviones de guerra para bom-
bardear Guernica.

Durante la década de los 30 el fascismo ascendía
en toda Europa. No sólo Franco consolidaba su poder
en España; Hitler, el líder del partido Nazi de Alemania, había llegado a ser canciller alemán en 1933 y ya
se había aliado con el fascista italiano Benito Mussolini. El plan de ellos era nada menos que controlar el
mundo y para finales de los años 30 ya se habían
equiparado militarmente para llevar a cabo una campaña con ese fin. El lanzamiento de bombas sobre la
población civil de Guernica sería una misión fácil para
los aviadores alemanes; significaría una oportunidad
para estudiar los efectos de ciertas bombas; y, muy
importante, promovería la causa fascista.

La mayor parte de los habitantes de Guernica
estaba de compras en la plaza mayor durante la tarde
del 26 de abril de 1937 cuando el estruendo de los
aviones de guerra alemanes quebró el alegre y bullicioso rumor del mercado. El miedo, después el pánico,
se apoderaron de los corazones de las personas del
pueblo mientras los aviones descendían sobre ellos.
Los niños gritaban y los hombres y las mujeres corrían
buscando cobijo, intentando ponerse a salvo dentro de
los muros de sus propias casas. Pero las bombas alemanas llovieron sobre Guernica y en poco tiempo la

Aviones de guerra alemanes derraman la muerte sobre la ciudad vasca de Guernica el 26 de abril de 1937. Con la intención de desmoralizar la causa Republicana y ensayar sus técnicas de bombardeo, los fascistas mataron a 1,600 civiles, hirieron a 1,000 más y destruyeron el 70 por ciento de los edificios de Guernica.

plaza mayor estaba empapada de sangre. Cuando por fin terminó el bombardeo, un silencio relativo cayó sobre el pueblo que solamente tres horas antes había proyectado una imágen animada de gente feliz que iba y venía llevando a cabo las tareas diarias. En un instante el pueblo había sido destruido. Los cuerpos torcidos y despedazados de los muertos estaban esparcidos por las calles llenas de sangre. Casas y tiendas habían sido voladas y quemadas, reducidas a ruinas humeantes. Se podían oir los gritos débiles de los mutilados y de los heridos encima de los escombros.

Durante los siguientes cuatro días, versiones detalladas del bombardeo de Guernica fueron publicadas en los periódicos de todo el mundo. Franco intentó echar la culpa de la destrucción del pueblo a las

facciones comunistas, pero algunas personas que presenciaron el ataque revelaron que esto era una mentira. Después del bombardeo de Guernica, Franco se convirtió en un paria internacional y la causa fascista fue condenada por todas partes.

En su estudio en el 7 de la calle de los *Grands-Agustins* en París, Francia, el gran pintor y escultor español Pablo Picasso, conocido por todo el mundo como un visionario artístico de dimensiones revolucionarias se conmovió al leer en los periódicos franceses *Le Soir* y *L'Humanité* los informes detallados de la sangre vertida sin sentido en Guernica. Las fotos sacadas en los días después del bombardeo eran horripilantes. Aproximadamente 1,600 personas inocen-

*Para expresar su cólera
ante la destrucción de la
capital vasca, Picasso pintó
su mural el* Guernica *en
1937. Tanto una sentida
denuncia de la guerra,
como una obra maestra
moderna, el* Guernica *se
encuentra en la actualidad
en el Centro de Arte
Reina Sofía, cerca del
famoso Museo del Prado.*

tes habían muerto y unas mil más fueron heridas en
cuestión de pocas horas y alrededor del 70 por ciento
del pueblo de Guernica fue destruido. Picasso se conmovió hasta tal punto que le caían lágrimas de rabia.

El hecho también le motivó poderosamente—
gran artista al fin—a la creación. Hacía tiempo que
Picasso buscaba un tema para un mural que se le había
encargado para el Pabellón Español en la Exposición
Universal de París. La huella que dejó en él, el bombardeo de Guernica fue tan profunda que volvió a su
trabajo, con la energía creadora renovada. Había
hallado su tema y con su urgencia característica se
puso a pintar el horror inexpresable del fascismo en
una de las obras maestras más inquietantes del siglo.

EL GITANO ELEGANTE

Pablo Picasso, a la edad de cuatro años, fotografiado con su hermana, Lola. Hijo de un pintor muy conocido, el joven Pablo ya producía dibujos asombrosamente detallados de plantas y animales cuando se hizo esta foto. "Nunca hice ningún dibujo infantil," dijo después, con orgullo.

Pablo Ruiz Picasso nació el 25 de octubre de 1881 en Málaga, España, hijo de José Ruiz Blasco y María Picasso López. (A los 21 años empezó a usar sólo el apellido de la madre, para honrarla a ella, y porque el nombre era menos corriente). Según una versión hubo complicaciones con el parto y los familiares que se habían reunido ese día con motivo del nacimiento se desilusionaron profundamente cuando la comadrona les informó con pesar que el niño había nacido muerto. Pero el hermano de José, Salvador, quien era médico, no estaba tan seguro de que lo que decía la comadrona fuera cierto. Se inclinó sobre la criatura inmóvil, exhaló una bocanada de humo de su puro en las narices del niño y, de repente y ante la emoción y la alegría de todos los presentes, el que había de ser uno de los máximos artistas del siglo XX soltó un gritó y se unió al mundo de los vivos.

Alto y delgado, con ojos azules, tez pálida y barba entre rubia y pelirroja, José Ruiz Blasco presentaba un aspecto poco común en el sur de España.

Puesto que era tan rubio le apodaban "el inglés." Tenía un maravilloso sentido del humor y le gustaba pasar el rato conociendo y tratando a la gente en los cafés de la ciudad, especialmente el Café de Chinitas, donde pasaba horas charlando con los artistas locales sobre su gran amor, la pintura. Ruiz era muy conocido en Málaga por su habilidad como pintor, particularmente de paisajes.

María Picasso, una mujer menuda, morena, de ojos negros, tenía 17 años menos que Ruiz. Sus respectivas familias dispusieron su encuentro. Pero antes de que pudieran casarse, Ruiz tenía que obtener un puesto adecuado. Aunque España ha producido grandes pintores y aunque tiene uno de los mejores museos de arte del mundo, el Prado, los pintores generalmente no gozaban ahí de un status social elevado y ciertamente no eran considerados como buenos partidos. En julio de 1879, Ruiz obtuvo un puesto de profesor adjunto en la Escuela de Artes y Oficios de San Telmo y en junio del año siguiente, gracias a la influencia de su hermano Salvador, fue nombrado conservador del Museo Municipal de Málaga. Finalmente, el 8 de diciembre de 1880 se casaron José y María en la Iglesia de Santiago. Casi inmediatamente después ella quedó encinta.

De niño Pablo fue mimado por las mujeres; no sólo su madre, sino también por su abuela, dos tías y una criada que vivían en la casa y atendían constantemente a sus necesidades y deseos. Pablo estaba en buenas manos pero a José Ruiz le era más y más difícil mantener a esta familia extendida. La situación empeoró cuando el Museo Municipal suprimió el puesto de conservador. Para reducir gastos, la familia se mudó a una residencia más pequeña, un piso donde el dueño accedió a aceptar cuadros en forma de alquiler.

En diciembre de 1884 un terremoto devastador azotó a Málaga y la familia tuvo que mudarse de nuevo, esta vez a una casa que pertenecía al amigo y colega de José, el pintor Antonio Múñoz Degrain, quien estaba viviendo en Roma. María dio a luz a una niña, Lola, el 28 de diciembre.

En medio de esta situación caótica el joven Picasso mostraba señales tempranas de genio artístico. A los cuatro años ya ejecutaba impresionantes dibujos de flores y animales que les encantaban a sus primos, quienes sentados observaban con asombro cómo un burro o un gallo se materializaba con todo detalle y con gran precisión bajo el lápiz del niño. Los bosquejos eran extraordinariamente avanzados. Más tarde Picasso recordaría, "Yo nunca hice ningún dibujo infantil. Nunca. Ni cuando era un niño muy pequeño." También cortaba formas con tijeras y empleaba una luz para proyectar las sombras en la pared. Su padre observaba orgullosamente mientras su hijo hacía dibujo tras dibujo y Pablo adoraba a su padre a quien, aunque no un gran artista, no le faltaba talento considerable. Los dos eran inseparables—hasta que el niño empezó a asistir a la escuela y tuvo que soltar la mano de su padre todos los días cuando le decía adios.

Desde el principio, Pablo se aburría en clase y pasaba la mayor parte del tiempo observando el reloj, mirando por la ventana y soñando despierto. El poco esfuerzo que empleaba para hacer las tareas de lectura y de matemáticas casi producían resultados. Así, no nos sorprende que perdiera el interés por completo. Con frecuencia se desviaba de sus estudios para dibujar al maestro, a sus compañeros de clase o algún objeto en la sala. Sus padres estaban preocupados por él; sabían que no era tonto y que, por lo menos por un tiempo, había intentado aplicarse. Pero vieron también que no progresaba. Es posible que la dislexia u otro tipo de trastorno de aprendizaje fueran la causa de los problemas de Pablo en la escuela, pero en ese tiempo los trastornos de aprendizaje aún no habían sido identificados por los psicólogos o los pedagogos.

*En 1895, a los 14 años,
Picasso pintó este retrato
de su madre, María.
María Picasso, quien
adoraba a su primogénito,
se preocupó cuando Pablo
mostraba poca aptitud
por las materias escolares
tradicionales; pero se
dió cuenta cuando él
era adolescente, que
su destino era el de
ser artista.*

María dio a luz a una segunda hija, Concepción, llamada también Conchita, el 30 de octubre de 1887 y José, quien había estado luchando por mantener a su familia por medio de la pintura y de clases privadas, se encontró aún más presionado económicamente. Por consiguiente, cuando en 1891 se le ofreció un trabajo como maestro de dibujo en el nuevo Instituto Da Guarda en La Coruña, bullicioso puerto en el noroeste de España, decidió aceptarlo, aunque signifcaba que él y su familia tendrían que abandonar su querida Málaga. En octubre, José, María y sus tres hijos subieron abordo de un barco con destino a La Coruña dejando atrás a los demás familiares.

Al año siguiente José decidió que ya era tiempo que su hijo empezara su entrenamiento artístico formal y matriculó a Pablo en el colegio donde él enseñaba. Ahí el niño mostró de repente una aptitud que contrastaba de modo chocante con sus esfuerzos anteriores por aprender a leer y a escribir. Ahora aprendía rápidamente y recibía excelentes notas en sus examenes, lo que impresionó tanto a sus maestros como a sus compañeros de clase. Con el tiempo una compañera en particular, una muchacha llamada Angeles Méndez Gil, atrajo su atención. Pero la familia burguesa de la niña desaprobaba y, con la intención de disuadir cualquier relación entre su hija y el hijo de un pintor pobre, la trasladaron a un colegio en Pamplona. Pablo había empezado a recoger sus dibujos en álbumes; ahora el muchacho, desgarrado el corazón, hacía referencia al amor perdido en sus hojas.

El dolor que sintió el enamorado Pablo a los 13 años cuando Angeles se marchó a Pamplona no fue comparable al profundo pesar, resentimiento y culpabilidad que experimentó en 1895 al ver a su hermana Conchita morir de difteria. José y María habían hecho todo lo posible para asistir a la niña en devolverle la salud. Los médicos iban y venían ofreciendo pocas palabras de esperanza. La situación era desesperante pero Pablo pensaba que podía salvar a su hermana haciendo un pacto con Dios. El le ofrecía sacrificar su talento artístico por el bien de su hermana, prometiendo nunca más volver a pintar si se le salvaba la vida. Entonces, impresionado por la conciencia de que había hecho una promesa que nunca querría cumplir, empezó a esperar secretamente que Conchita muriera para que no tuviera que cumplir con su palabra y renunciar a su arte. Finalmente, cuando Conchita dio el último suspiro, Pablo fue destrozado por la culpabilidad, creyendo que, al negociar con Dios de alguna forma había sido responsable por la muerte de su hermana.

Después de haber dejado atrás a amigos y familiares en Málaga, José Ruiz había estado triste desde su traslado a La Coruña. Ahora la trágica pérdida de su hija menor lo sumió en una honda depresión. Juró nunca más volver a pintar, entregando sus cepillos y pinturas a Pablo, quien estaba profundamente emocionado por el hondo sentimiento de pérdida que afligía a su padre. Tanto padre como hijo veían claramente que hacía falta un cambio de lugar para que la familia pudiera empezar de nuevo.

José solicitó y se le concedió un traslado a Barcelona. Antes de marcharse, sin embargo, organizó una exposición de las obras de su hijo en el cuarto de atrás de una tienda de chucherías. Después, la familia se montó en un tren para Málaga donde pasarían el verano antes de asentarse en Barcelona. En el camino pararon en Madrid, la capital de España, donde visitaron el Prado. Ahí el joven Picasso contempló las obras maestras de Goya, Velázquez y otros grandes maestros. Una vez en Málaga la familia se hospedó con Salvador, el tío de Pablo, quien quedó tan impresionado con el trabajo de su sobrino que le proporcionó un estudio y le asignó un pequeño estipendio. Le hizo a Pablo prometer que iría a misa regularmente y que comulgaría. Salvador subrayó la importancia de asistir a misa, al advertirle a Pablo que si dejaba de asistir no lo llevaría a las corridas de toros. Picasso recordaría después que ésto resultó ser muy eficaz puesto que "habría comulgado 20 veces por la oportunidad de ir a las corridas de toros."

Cuando el joven Picasso llegó a Barcelona con sus padres y su hermana en el otoño de 1895, la ciudad estaba en un estado de agitación. La desintegración del imperio español, la depresión económica que resultó, el desmoronamiento de las esperanzas y los sueños del pueblo español y la rebelión de tanto los intelectuales como la clase obrera juntos llevaron al surgimiento de una conciencia política y social a lo largo de todo el país y particularmente en Barcelona. Durante esta época inestable pero emocionante, Picasso se matriculó en la Llotja (Lonja), la prestigiosa Escuela de Bellas Artes de la ciudad.

Pero la Llotja le proporcionó poco a Picasso en cuanto a verdadero aprendizaje. De hecho, le resultó tan fácil al joven genio cumplir con los requisitos de las classes que le sobraba tiempo para explorar las calles de Barcelona con su amigo y colega, el artista Manuel Pallarès. Juntos deambulaban de café en café; su favorito era el infame Concierto Edén, que, según creía la gente virtuosa de Barcelona era frecuentado sólo por los que estaban más allá de toda esperanza de salvación. En el Edén, Picasso y Pallarès conocieron a los hermanos Angel y Mateu de Soto, a Joaquim Bas y a Ramón Raventós con quienes visitaban el barrio chino de la ciudad.

Una clase de dibujo en la Llotja, la Escuela de Bellas Artes de Barcelona, a comienzos del siglo XX. Picasso entró en la prestigiosa escuela en 1895; aunque sólo tenía 14 años, estaba tan avanzado que concluyó sus clases velozmente y le sobraba tiempo para explorar la vida de los cafés de Barcelona.

Picasso hizo este dibujo al carbón Desnudo de espalda, *a partir de una reproducción en yeso, a la edad de 14 años. Al haber conseguido dominar el detalle realista—lo que lo igualaba a cualquier pintor adulto—el adolescente estaba decidido a revolucionar el mundo del arte.*

Aunque el lado oculto de la ciudad con sus bajos fondos fascinaba a Picasso, nunca le consumió; siguió trabajando con habilidad y pasión extraordinarias. Durante sus primeros días en Barcelona produjo una serie de obras sobre el tema del conflicto religioso. Varias de éstas: *Cristo bendiciendo al diablo, Altar a la Vírgen, Primera Comunión,* y *La Sagrada Familia en Egipto* revelaban su angustia personal respecto a las fuerzas del bien y el mal en su propia vida y por lo tanto, una madurez notable

Una vista de Horta de Ebro, el pueblo español aislado, donde Picasso pasó varias semanas en 1898. Estimulado por la belleza de Horta y la libertad de la vida del campo, Picasso volvió a Barcelona con la visión y las energías que necesitaba para llegar a ser un pintor de fama internacional.

para un joven adolescente. También, sus obras obtuvieron premios desde muy pronto. Cuando tenía 15 años, *Ciencia y caridad* le valió una mención honorable en la Exposición General de Bellas Artes de Madrid en 1897 y una medalla de oro en la Exposición Provincial de Málaga ese mismo año.

A Picasso le complacía la fama pero no le interesaba tanto pintar cuadros que gustarían a la gente como romper con tradiciones y establecerse como innovador. Había alcanzado la aprobación muy fácilmente; incluso pintores de la generación de su padre veían en él un igual, incluso, un maestro. Pero la ambición de Picasso no tenía límite; aunque sólo era adolescente, ya soñaba con revolucionar la pintura. Sabía que si tomaba en serio su arte—lo cual hacía— tenía que ir a Madrid para someterse al entrenamiento más exigente que su país podía ofrecer.

En el otoño de 1897 Picasso se matriculó en la Real Academia de San Fernando. Hubo un esfuerzo colectivo por parte de sus padres, tías y tío por pagar sus gastos. Pero muy pronto se desconsoló al darse cuenta que incluso en San Fernando apenas se le exigía; por lo tanto pasaba poco tiempo ahí. De nuevo, vagaba por las calles de la ciudad, frecuentando los cafés, llenando su cuaderno con dibujos a lápiz de la bohemia nocturna.

Pero en este momento los efectos de esa vida de vagabundo se hicieron sentir en el joven artista y se enfermó. *Picasso Perplejo,* un autorretrato que dibujó en ese momento refleja el triste estado físico al que había llegado. Después de recuperarse volvió a Barcelona donde se juntó de nuevo con su amigo Pallarès. Al darse cuenta que Picasso necesitaba salir de la ciudad por un tiempo, Pallarès le sugirió que visitaran a sus padres en su casa en Horta de Ebro, un pequeño pueblo de la sierra.

Las semanas que Picasso pasó en Horta de Ebro produjeron una poderosa transformación en su vida emocional. Después de pasar varios días en casa de los Pallarès, Picasso y Pallarès, con la ayuda de un niño gitano quien conocía bien la región, exploraron los bosques salvajes y las montañas que rodeaban Horta de Ebro. Dormían en una cueva o bajo las estrellas y se agrupaban alrededor de una hoguera por las noches para calentarse. Cada dos o tres días el hermano menor de Pallarès viajaba ocho millas en mula para traerles provisiones a su puesto fronterizo en la selva. No obstante, la experiencia supuso más que una simple excursión campestre para el impresionable Picasso.

Durante el tiempo que pasaron juntos en la montaña, Picasso y el muchacho gitano, dos años menor que su amigo artista, formaron una profunda relación íntima. El espíritu independiente y natural del gitano ejerció una poderosa atracción sobre Picasso.

Le emocionaron las maneras salvajes y espontáneas de su nuevo amigo y quería aprender todo lo que el muchacho pudiera enseñarle de las misteriosas operaciones de la naturaleza. El gitano también era pintor y Picasso y él pasaban una parte considerable del día dibujando y pintando el exuberante paisaje que les rodeaba e intercambiando ideas sobre el arte. Algunas veces madrugaban para ver salir el sol y después de pasar un día largo escalando con esfuerzo a lo largo de los cerros serranos se sentaban de vez en cuando en silencio en una colina hasta la caída de la tarde; después contemplaban las estrellas y respiraban el aire fresco de la montaña.

Un día, en un momento de intensa alegría y desenfreno, Picasso y el gitano se cortaron cada uno la muñeca y después juntaron las heridas para que la sangre se mezclara. Mientras que la sangre les corría por los brazos, goteando en el suelo penetrando la tierra, los muchachos se juraron ser leales para siempre. Pero a pesar de haberse unido por medio de este rito antiguo, cada uno sabía en el alma que a la larga su unión era imposible y que su encuentro, aunque lleno de significado, sería necesariamente breve. Una mañana temprano Picasso se incorporó de su lecho de hierba y descubrió que el muchacho gitano había desaparecido silenciosamente durante la noche. En lugar de aguantar el increíble peso de su amor imposible, el gitano había dejado a su amigo artista y había vuelto solo a los bosques.

En febrero de 1899, Picasso volvió solo a Barcelona. Su viaje al mundo idílico de Horta de Ebro, un inefable viaje místico, le había transformado. Ahora estaba en sintonía con el gitano en su alma, la inspiración que lo impulsaría hacia la grandeza.

MATICES
CAMBIANTES

Picasso fotografiado en París a la edad de 23 años. Cuando tenía veinte y pico años, el artista alternaba estancias en París con estancias en Barcelona; aunque su primera exposición de éxito tuvo lugar en Barcelona, a la larga decidió establecerse definitivamente en la capital francesa.

El 10 de diciembre de 1898, después de una serie de derrotas humillantes en la Guerra de Cuba, España tuvo que firmar el Tratado de París en el que aceptaba retirarse de Cuba y ceder Puerto Rico, Guam y Filipinas a los Estados Unidos. Para los españoles, el golpe fue casi insorportable. Llamaron los acontecientos que culminaron en la firma del tratado, *el desastre:* no sólo fue humillante la derrota, sino que sin los grandes recursos materiales de sus antiguas colonias España tenía muy poca base en que construir su futuro. España sólo retenía la colonia del norte de África, Marruecos, situada al otro lado del estrecho de Gibraltar; pero, ahí también, el espíritu de rebelión se hacía sentir entre el pueblo.

España cayó en un estado de extrema penuria económica y desesperación social. Se despedían a los obreros y unos tres millones de campesinos, incapaces de ganarse la vida de la tierra en tiempos tan duros, vagaban por el campo desesperadamente buscando trabajo. Aproximadamente un cuarto de millón de españoles habían muerto en la guerra o a causa de la fiebre amarilla en una causa perdida en Cuba y

35

en Puerto Rico y ahora los sobrevivientes heridos y sus familias luchaban por volver a empezar a reconstruir de nuevo sus vidas. Los industrialistas que se habían enriquecido del trabajo de los cubanos, los puertorriqueños y los filipinos no necesitaban preocuparse tanto, pero la gran mayoría de los españoles tenían muy poco en que fundamentar sus esperanzas.

Muchas veces tal miseria produce la desesperación, y de la desesperación nace la revolución. Al final del siglo XIX en España los intelectuales lanzaron un ataque a las instituciones que controlaban el país—la monarquía, la Iglesia católica y el ejército—y denunciaron su historia de colonialismo y explotación. Inspirados por la actividad revolucionaria que tenía lugar entonces en Rusia, los obreros y los campesinos españoles se juntaron al llamamiento por un cambio, manifestándose en las calles, exigiendo la reforma agraria, un salario justo y mejores condiciones de trabajo. Las ideas políticas de la izquierda tomaron raíz, particularmente en la región norte de Cataluña, donde nacieron los movimientos anarquistas y separatistas radicales.

Pero la inquietud que caracterizaba a la España de esa época no era inspirada por la esperanza. En el momento en que Picasso llegó a Barcelona en febrero de 1899, España estaba en un estado de depresión nacional. Esta depresión se refleja en las obras de Picasso de este período. *El beso de la muerte, El grito de la muerte, Dos agonías* y *Sacerdote atendiendo a un moribundo* son algunos de los cuadros que pintó durante esta época, los que reflejan el malestar que se había apoderado de España. Estos y otros cuadros de este período revelan también la desesperación personal del propio Picasso y su preocupación con la muerte.

Poco después de llegar a Barcelona, Picasso decidió no volver a la Llotja y alquiló una habitación en un burdel infernalmente sucio. Es difícil saber porque decidió vivir entre tanta sordidez pero la fascinación de Picasso por los bajos fondos de la sociedad y su hambre insaciable de experiencias intensas pueden explicar en parte esta decisión. De todas formas, continuó trabajando, compartiendo un estudio con otro artista, Carles Casagemas, a quien acababa de conocer. Los dos se hicieron muy amigos.

Picasso empezó a frecuentar un cabaret que se llamaba Els Quatre Gats (Los Cuatro Gatos), una colmena bulliciosa de conversación intelectual donde pintores y escritores conspiraban para labrar un nuevo siglo en el arte, la literatura y la filosofía. Entre las figuras que acudían al lugar estaban Pompeu Gener y Jaume Brossa, dos eruditos que le introdujeron a Picasso al mundo de los escritos y las ideas del filósofo alemán Friedrich Nietzsche; y los pintores Santiago Rusiñol y Ramón Casas; y el amigo de Picasso, Pallarès. Els Quatre Gats también era un lugar donde los artistas podían exponer sus obras y Picasso mostró ahí en febrero de 1900 algunos de sus dibujos, y la mayoria de sus retratos.

El dueño de Els Quatre Gats se suscribía a varias revistas de arte francesas y Picasso se enfrascaba en ellas varias horas todos los días. Pronto quería más que nada irse a París, para estudiar el arte francés y para sumergirse en la vida creadora de esa gran ciudad. Cuando Picasso le habló a su padre de su deseo de ir a París, el artista mayor comprendió y le compró a su hijo un billete de ida y vuelta. Picasso estaba emocionadísimo. No sólo salía de España por primera vez en su vida, sino que se iba a París, considerada entonces como la capital del mundo del arte. Invitó a Pallarès y a Casagemas a ir con él pero sólo Casagemas pudo ir. Mientras que los dos jóvenes pintores se montaban en el tren, los padres de Picasso le dijeron adiós a su hijo desde el andén.

Al llegar a París era como si Picasso hubiera salido
de una cueva y hubiera entrado en un resplandeciente
mundo nuevo. No tenía casa fija—pasaba la mayoría
de las horas del día en las calles o en los cafés o en los
museos de la ciudad, durmiendo en varios estudios u
hoteles baratos. También iba al teatro, aunque también
le era difícil seguir la acción, puesto que el diálogo
era, claro está, en francés. Se abrió al arte francés y
desde ese momento fue influenciado por los pintores
Pierre-Auguste Renoir y Henri de Toulouse-Lautrec.
Aunque llegó a conocer a varias mujeres francesas y
tuvo unas cuantas novias durante sus primeros días en
París, Picasso se sintió al principio como un extranjero
en París y se juntaba sólo con compatriotas españoles.

Uno de los españoles que Picasso llegó a conocer en París fue un catalán, dueño de una fábrica y marchante, llamado Pere Mañach. Tal fue la impresión que causó en Mañach las obras del joven pintor, que le ofreció a Picasso 150 francos al mes por todos los cuadros que ejecutara. Puesto que uno podía alimentarse con 2 francos diarios, la oferta de Mañach le bastaba para alquilar un pequeño estudio y vivir relativamente cómodo. Picasso aceptó la oferta, pero no se quedaría en París. Decidió volver a España.

Picasso volvió a Barcelona, se cansó pronto de la ciudad y se estableció en Madrid para pasar el invierno. Mañach seguía enviándole dinero todos los meses a la buhardilla de Picasso. En febrero de

Le moulin de la Galette, pintado por Picasso en 1901. La vida nocturna parisina había fascinado a muchos pintores franceses del siglo XIX y Picasso seguía el ejemplo de tales maestros como Renoir y Toulouse-Lautrec al retratar los cafés y los salones de baile de la deslumbrante metrópoli.

1901, Picasso tuvo la trágica noticia de que su amigo Casagemas cometió suicidio.

Profundamente entristecido por el suicidio de su amigo, Picasso volvió a Barcelona y se enfrascó en el trabajo. Entonces, recibió una carta de Mañach informándole que el respetado marchante parisino Ambroise Vollard estaba dispuesto a exponer su obra. Picasso volvió a París, esta vez con su amigo Jaume Andreu Bonsons y en mayo de 1901, se mudó al antiguo taller de Casagemas en el 130 del boulevard de Clichy, que compartía con Mañach, quien también se había domiciliado ahí.

Una fascinación con la vida nocturna parisina— de la que *El bebedor de ajenjo, Picasso con sombrero de copa, Cancán francés* y *En el Moulin Rouge* todos de 1901 son quizás los ejemplos más conocidos—sigue apareciendo en la obra de Picasso. La influencia de Toulouse-Lautrec, a quien los cafés y cabarets de París fascinaron a lo largo de su vida, es especialmente notable en la obra de Picasso de esta época.

Según la mayoría de las críticas, la exposición fue un éxito; recibió reseñas favorables en varias publicaciones de arte y despertó a los conocedores de arte parisinos a que prestaran atención al nuevo talento entre ellos. Se vendieron quince obras antes de inaugurarse la exposición y una reseña particularmente favorable fue escrita por el crítico Félicien Fagus en *Revue Blanche,* una importante revista de arte. La exposición también produjo un encuentro entre Picasso y el poeta y crítico de arte Max Jacob, quien llegaría a ser uno de los más devotos admiradores del artista y uno de sus mejores amigos.

Pero Picasso seguía apenado por el suicidio de Casagemas y muchas obras de esta época reflejan su tristeza. En el verano de 1901, pintó *Retrato de Casagemas muerto, La muerte de Casagemas* y *Evocación (El entierro de Casagemas),* las tres obras obviamente ligadas a la muerte de su amigo. (La última de ellas recuerda *El entierro del Conde de Orgaz* por el gran pintor español del siglo XVII, El Greco.)

La obra de Picasso de este período revelaba cada vez más, una preocupación general con el sufrimiento humano y la muerte. Es de notar que, durante el período de 1901 a 1904, al que se refiere como su época azul, en vez de emplear los tonos vibrantes de su obra anterior, Picasso usaba mayormente tonos azulados. Los temas de sus cuadros eran los hambrientos, los pobres, los solitarios y los minusválidos. Entre las obras más destacadas de la época azul parisina están: *Niño con una paloma en la mano, Arlequín, Dos saltimbanquis* y *Autorretrato*.

Después de recibir algún dinero de su padre, Picasso volvió a Barcelona y se reunió con su familia a principios de 1902. Ahí compartía un estudio con otro artista y reanudó su trabajo en tonos azules y verde azulados. Picasso estaba fijado en las miserias de la pobreza, la depresión psicológica, y la lucha humana. Por ejemplo, en 1902 pintó *Las dos hermanas, Mujer con bufanda* y *Dos mujeres en un bar,* todos de ellos cuadros dedicados al tema de la soledad y ejecutados con la misma paleta triste y azulada.

En octubre de ese año, Picasso volvió una vez más a París, esta vez con su amigo Josep Rocarol quien también era pintor. Antes de marcharse, sin embargo, ambos jóvenes pagaron a un sustituto la misma cuota para evitar el servicio militar. Cuando llegaron a París, alquilaron una habitación en el barrio Montparnasse, pero Picasso pronto volvió a su vida independiente, alojándose en un hotel barato tras otro. Mientras Picasso se estaba quedando en el Hotel du Maroc, le visitó Max Jacob quien le invitó a vivir con él. Picasso aceptó la invitación y se estableció en una rutina en la cual pintaba por la noche y dormía por el día.

Lo que Jacob había llamado "la pobreza acompañada por el genio" conducía a Picasso cada vez más a la desesperación y el artista, plenamente consciente de su talento extraordinario, estaba ansioso ahora de lograr un mayor reconocimiento. Una exposición de sus obras, presentada por Berthe Weill, le había llenado de esperanza, pero no se vendió ningún cuadro. Durante la exposición, el crítico Charles Morice escribió lo siguiente en el *Mercure de France:*

> Es extraordinario, la tristeza estéril que pesa sobre la obra entera de este hombre jovencísimo. . . . Parece un joven dios intentando rehacer el mundo. Pero un dios sombrío. La mayoría de las caras que pinta hacen muecas; no sonríen. Su mundo es tan habitable como el de los leprosos. Y su propio arte está enfermo. ¿A muerte? No lo sé. Pero sin duda hay una fuerza ahí, un don, un talento. . . . ¿No está destinado este niño terriblemente precoz a otorgar la consagración de obra maestra al sentido negativo de la vida, la enfermedad de que él, más que ningún otro, parece padecer?

Otro que publicó una descripción de las obras de Picasso fue el poeta Guillaume Apollinaire. Escribió lo siguiente de la época azul:

> Estos niños, que no tienen a nadie que les acaricie entienden todo. Estas mujeres, a quienes nadie ama, hacen memoria. Se encogen hacia las sombras como si se encogieran hacia el interior de una iglesia antigua. Desaparecen al amanecer, después de haber logrado consolarse mediante el silencio. Los viejos están parados, envueltos en una niebla helada. Estos viejos tienen el derecho de pedir limosna sin humildad.

En enero de 1903, Picasso volvió a Barcelona y lo que Morice llamó "la tristeza desolada" de sus obras se intensificó. Durante el año siguiente, produjo alrededor de 50 dibujos y cuadros, entre ellos un retrato de una *Celestina* tuerta, *El viejo guitarrista* y *La comida del ciego,* todos ellos ejemplos importantes de la

*Picasso conoció a
Fernande Olivier en
el verano de 1904 y
un año más tarde, ella
se mudó a su estudio.
Picasso y Olivier vivirían
juntos siete años. Sus
memorias íntimas,* Picasso
y sus amigos, *publicadas
en 1933, son la fuente
principal de información
sobre los primeros años
de Picasso en París.*

obsesión de Picasso con la miseria humana y la desesperación en el matiz monocromático verde azulado.
Con estos cuadros y otros, Picasso parece preguntar
por qué hay tanto sufrimiento en el mundo y si hay
un Dios, por qué permite que sus hijos experimenten
tanta pena y miseria.

En la primavera del año siguiente, acompañado
por su amigo el pintor Sebastián Junyent, Picasso
volvió a París, esta vez con la clara intención de
quedarse en Francia indefinidamente. Se mudó a

un taller mugriento en el número 13 de la calle Ravignan, el que Max Jacob llamaba Le Bateau Lavoir (El barco lavadero) porque el edificio se parecía a los barcos domicilio/hogar del río Sena, en el cual las mujeres de París lavaban la ropa. Se entraba en el edificio por el último piso y se bajaba por un escalera para acceder a los veinte y pico talleres que se encontraban situados ahí. El taller de Picasso era desordenado, sucio y ruidoso pero de todas formas eso no impedía que una marea constante de admiradores subiera la empinada colina de Montmartre y bajara las escaleras del Bateau Lavoir para pasar, aunque sólo fuera por un breve momento, con el artista.

En el Bateau Lavoir, Picasso seguía pintando sus melancólicos cuadros azules. Algunos ejemplos de esta época incluyen: *Mujer con una caballera yelmo* que terminó en el verano de 1904. Pero desde este momento un color rosado empezaba a notarse en los cuadros de Picasso, lo que sugería que se estaba alejando de la actitud de desesperación que caracteriza la época azul. Por ejemplo, *Mujer planchando* y *Mujer con cuervo* considerados los últimos de los cuadros "azules," se sitúan en esa época más por el tema que por el matiz general. Ambos evocan la misma tristeza de las obras anteriores a la época azul, pero irradian un resplandor rosado, cálido. Se ha sugerido que un encuentro fortuito con una mujer jugó un papel en esta transformación de la obra de Picasso.

El 4 de agosto, Picasso caminaba cerca de su estudio cuando de repente el cielo se abrió y una lluvia empezó a caer con fuerza en la acera humeante. Recogió un gatito extraviado y le protegió de la tormenta, y entonces de repente se encontró cara a cara con una mujer joven que llevaba una blusa blanca de lino y que estaba calada hasta los huesos. El le entregó el gatito y juntos corrieron a su estudio.

La joven mujer se llamaba Fernande Olivier. Tenía la misma edad que Picasso y también era artista hasta

Después de un período de depresión, durante el cual pintaba en tonos azulados apagados, Picasso empezó su época rosa en 1904. Aunque aún pintaba a los acróbatas y a otros seres al margen de la sociedad, como en Familia de saltimbanquis *(1905), los tonos rosados de los lienzos reflejaban una nota de optimismo.*

cierto modo. Picasso ya había tenido un sinnúmero de novias en su vida pero ninguno de esos encuentros estuvo infundido con la misma intimidad como la de su relación con Olivier. Ella empezó a vivir con él en el otoño.

Acróbatas rosados y arlequines sustituyeron ahora a los tristes habitantes azules del mundo de Picasso. Aún pintaba a las personas que vivían al margen de la sociedad en relativa pobreza y que conocían un cierto grado de sufrimiento, pero ahora había una sutil afirmación en sus cuadros. A principios de 1905, Picasso expuso algunos de sus cuadros de circo en las Galerías Serrurier y el crítico Morice describió las nuevas obras en el catálogo de la exposición:

Ya no hay una inclinación por los tristes, por los feos en sí; a esta depresión prematura, que

lógicamente habría llevado a la oscuridad de una desesperación mortal, sigue una anomalía benéfica: es el amanecer de la piedad que surge—es la esperanza.

Las obras de la época rosada también impresionaron a Apollinaire. El escribió, "Uno siente que sus acróbatas esbeltos, resplandecientes en sus harapos, son verdaderos hijos del pueblo: versátiles, astutos, diestros, pobres y mentirosos." Publicó reseñas de la exposición de Serrurier en dos revistas, *La Revue immoraliste* y *La Plume.*

Buenos ejemplos de la época rosa de Picasso son *Dos acróbatas con perro, La familia del arlequín, La familia del acróbata con mono* y *La familia de saltimbanquis,* todos de 1905. Ese año también produjo una escultura, *El bufón,* y dos desnudos *Niña holandesa* y *Desnudo feminino con sombrero,* que pintó durante un viaje a Holanda ese verano.

Hacia finales de 1905, Picasso conoció a Gertrude Stein y su hermano Leo. Era norteamericana; había nacido en 1874 en Baltimore, Maryland, ciudad que abandonó a la edad de 29 años. Ella había terminado la carrera de medicina pero al ser económicamente independiente, había decidido no ejercer la profesión de médico, sino mudarse a París y perseguir sus inclinaciones literarias y artísticas. Leo Stein era pintor y vivió una temporada en Florencia, Italia antes de reunirse con su hermana en París. Hacían una pareja rara, eccéntrica, profundamente interesados en el arte y la literatura. Al conocer los Stein en una galería de arte propiedad del marchante Clovis Sagot, Picasso inmediatamente quiso pintar el retrato de Gertrude.

Picasso y Olivier visitaban con frecuencia la casa de los Stein en el número 27 de la calle de Fleurus. Durante una visita en 1906, conocieron al pintor Henri Matisse. A Matisse, uno de los grandes artistas del siglo XX, le encantaba hablar de pintura y Picasso y él lo hacían durante horas. Aparte de la pintura, los dos artistas tenían poco en común, pero los Stein solían reunir a artistas de gustos, talentos y temperamentos opuestos.

Picasso empezó a trabajar en un retrato de Gertrude Stein pero aún después de posar 80 o 90 veces, el pintor no estaba satisfecho con el. En mayo, borró la cabeza y después se fue a España con Olivier. En Barcelona la presentó a su familia y después pasaron una temporada en los Pirineos.

En 1906, Picasso produjo una serie de obras sobre el tema del peinado. Entre ellas figuraban: *La toilette, Mujer con peine, El peinado* y *Mujer peinándose,* todas pintadas durante ese verano y otoño. Varios de los cuadros de esa época eran poblados por muchachos desnudos y también caballos, que retrataba con líneas finas y matices térreos claros.

Al volver a París a finales de 1906 había encontrado la solución para el retrato de Gertrude Stein. Después de un gran esfuerzo terminó el cuadro en una única sesión, retratando la cara de Stein como una especie de máscara africana. El retrato de Stein fue hasta cierto punto el resultado del interés de Picasso en el arte africano que le había sido facilitado por Matisse, quien le había mostrado algunas esculturas africanas. De ahí fue que Matisse abrio las puetas de un mundo nuevo, un mundo el cual Picasso estaba característicamente dispuesto a explorar. La época rosa estaba definitivamente cerrada y Picasso estaba a punto de comenzar una revolución en la pintura y la escultura que trazarían el rumbo del arte del siglo XX.

PLANOS
TRANSVERSALES

Picasso en su estudio, fotografiado en 1909. En este punto de su carrera, a la edad de 28 años, el artista ya había cumplido su aspiración de revolucionar el mundo del arte, primero con Les demoiselles d'Avignon *(1907) y después con su trabajo de pionero en la evolución del cubismo.*

No se sabe con certeza cuándo Picasso empezó a trabajar en lo que había de ser el cuadro más revolucionario del siglo XX, *Les Demoiselles d'Avignon* (Las señoritas de Avignon) pero aparentemente trabajó en él durante una temporada extensa porque existen varios estudios preliminares para el cuadro. Para 1907 sintió que estaba lo suficientemente completo como para mostrárselo a varios amigos suyos. El cuadro escandalizó a todos—incluso a los más sofisticados de la vanguardia. Leo Stein bromeó "Ha estado usted intentando pintar la cuarta dimensión. ¡Qué divertido!" Matisse creía que Picasso había intentado de burlarse del movimiento moderno en la pintura. Hoy se reconoce *Demoiselles* como el cuadro más importante de la historia del arte moderno; se le atribuye la emancipación de la pintura de todas las convenciones del Renacimiento, haciendo posible una nueva visión del mundo.

¿Qué es lo que hace este cuadro para ser tan revolucionario y tan inquietante a la misma vez? Para empezar, Picasso había roto todas las convenciones de la pintura occidental. Había despedazado la forma humana y había reunido esos pedazos de una forma sorprendente que equivalía a agredir totalmente el orden y la expectativa.

Demoiselles prescendía de las reglas tradicionales de la perspectiva y de la composición, rompiendo con una de las preocupaciones más básicas y tradicionales del arte occidental—lograr que una superficie plana aparente tener tres dimensiones. Picasso recalcaba que un cuadro tiene sólo dos dimensiones. Mientras que en la pintura anterior, las escenas eran compuestas de tal forma para dirigir la mirada del observador de una parte del cuadro al otro, *Demoiselles* no intenta ayudar al observador por tales medios. Aunque hoy es difícil pensar que *Demoiselles* pueda provocar un escándalo a la luz de todo el arte abstracto y la experimentación osada que vino después, el arte abstracto ahora considerado típico del siglo XX ni siquiera existiría si no hubiera sido por la atrevida ruptura con la tradición que Picasso logró con *Les Demoiselles d'Avignon*.

Picasso conoció al artista francés Georges Braque en el otoño de 1907, no mucho después de haber terminado el cuadro *Demoiselles*. Cuando vio el cuadro, Braque quedó estupefacto. Al observar la obra reconoció inmediatamente el genio de Picasso, quien con un sólo cuadro parecía trazar el rumbo de la pintura futura. "Me hizo sentir," dijo Braque, "como si alguien estuviera bebiendo gasolina y escupiendo fuego."

Educado en la Escuela de Bellas Artes y la Academia Humbert, Braque, como Picasso, se había dado cuenta de sus talentos y se había hecho bastante famoso siendo aún joven. También impresionaba su aspecto físico—medía casi dos metros, era guapo y buen atleta—y podía tocar todas las sinfonías de Beethoven en el acordeón. Cuando Picasso y Braque se conocieron hubo una reacción química instantánea entre ellos. Juntos frecuentaban los cafés, discutiendo constantemente sobre la pintura y el rumbo que pensaban debería tomar. Como dos científicos

El artista francés Georges Braque (1882–1963) conoció a Picasso en 1907. Al ver Demoiselles, Braque *se quedó convencido del genio de Picasso; los dos se llevaban muy bien y pronto unieron sus esfuerzos para perfeccionar el estilo innovador conocido como cubismo.*

obsesionados con poner en práctica sus teorías, los artistas hacían experimentos cada uno por su lado y se reunían después para comparar los resultados de sus esfuerzos. Estaban tan comprometidos a mantener la pureza de esos experimentos que empezaron a firmar sus cuadros sólo por la parte de atrás para asegurarse que ni la personalidad ni la reputación del artista distrajeran al observador de la experiencia directa de la obra. De estos experimentos nació el movimiento artístico llamado cubismo.

Al paso de los años, Picasso y Braque conducirían el cubismo a través de una evolución propia. La fase inicial de su experimentación se llama cubismo analítico, porque el sujeto se reduce a formas geométricas puras y planas. Desplegadas en el lienzo, estas partes se podrían examinar desde varios ángulos y bajo diferentes condiciones de luz.

Fue durante un viaje que hizo Picasso a España con Fernande Olivier durante el verano de 1909 que Picasso logró varios adelantos en el cubismo. Pero tal como Picasso estaba agitando el firmamento artístico en Francia, cuando él y Fernande llegaron a Barcelona supieron que otros espíritus osados en España acababan de exigir cambios radicales en las esferas políticas y sociales. Estas peticiones por reformas en España habían tenido eco a través del país entero, pero el gobierno español había reaccionado a los jóvenes movimientos de reforma con una campaña de terror. Centenares de sindicalistas fueron detenidos. Algunos fueron torturados e incluso, ejecutados. La prensa fue sometida a censura. Se subyugó al pueblo español por un tiempo pero su resolución por lograr un cambio político y social se mantuvo firme.

Con los disturbios internos provisionalmente bajo control, el gobierno español prestó atención a Marruecos. Francia había ocupado una gran parte de la colonia española y ahora amenazaba con apoderarse de ella por entero. Además, los marroquíes que luchaban por la independencia se resistían a la dominación colonial. El orgullo y un deseo de mantener el último frente fronterizo de lo que una vez fue el imperio español, motivaron al Rey de España, Alfonso XIII, a mandar tropas españolas a la región en 1909. Pero los franceses resultaron ser unos adversarios duros infligiendo en España una serie de derrotas militares. Desesperado, Alfonso XIII se vió obligado a llamar la reserva de Cataluña.

Izquierdistas y separatistas, los catalanes rehusaron ir a la guerra para defender los intereses de los latifundistas y las caducas y corruptas instituciones del país. Obreros en Barcelona, la principal ciudad de Cataluña, hicieron un llamamiento por una huelga general y hubo motines en las calles durante varios días antes de que el gobierno lograra aplastar la rebelión. Por ejemplo, Francisco Ferrer, elocuente líder anarquista, fue

detenido por la rebelión. Hubo un juicio y se presen-
taron argumentos a favor de Ferrer, pero el gobierno
estaba decidido a utilizarlo como chivo expiatorio.
Después de que Ferrer fue condenado y ejecutado,
una ola de simpatía liberal por el anarquista mártir
barrió el país. Como represalia los anarquistas hicieron
estallar la ópera de Barcelona, el Gran Teatre del Liceu,
dando muerte a 22 personas e hiriendo a 50. Santiago
Salvador, el anarquista acusado de la explosión fue
condenado y ejecutado en público. La violencia en las
calles se intensificó mientras los obreros—quienes trabajaban el día entero para ganarse el pan diario—y los
agobiados campesinos se juntaron a los intelectuales

Bodegón español,
*pintado por Picasso en
1912, es una de las obras
principales del cubismo.
Siguiendo el ejemplo
de los artistas del siglo
XIX, Picasso y sus colegas
cubistas despedazaban
los objetos que pintaban,
reduciéndolos a las formas
geométricas más básicas; a
continuación desplegaban
estas formas sobre el
lienzo, para que el observador los pudiera observar
desde todos los ángulos.*

del país para exigir justicia social por medio de la reforma política.

Con Barcelona en un estado de agitación Picasso y Olivier se quedaron sólo una breve temporada en la ciudad, lo suficiente para visitar a la familia del artista y a unos cuantos amigos y para pintar *Retrato de Manuel Pallarès*. Viajaron a Horta de Ebro, donde Picasso se volvió a encontrar con la magia del pueblo campesino que había visitado casi 11 años antes.

Esta segunda visita a Horta de Ebro dió lugar a uno de los períodos más productivos de la carrera de Picasso. Empezó con una serie de paisajes, pintó varios retratos de Olivier, entre ellos *Mujer con peras* y produjo una serie de bodegones, de las que *Bodegón con botella de licor* fue la última que terminó antes de regresar a Francia.

De vuelta en París, Picasso y Olivier se mudaron del Bateau Lavoir al número 11 del Boulevard de Clichy. En este momento, los cuadros de Picasso se vendían bastante bien; por lo tanto, la pareja se podía permitir el lujo de unas instalaciones más cómodas que daban a la avenida Frochot y su hilera de árboles. Hasta emplearon a una criada para cocinar y servir las comidas y recibían invitados a menudo. La pareja visitaba a Matisse los viernes y a los Stein los domingos, pero en su mayor parte Picasso se enfrascaba en el trabajo. De ahí fue que Olivier empezó a sentirse abandonada y pasaba más y más tiempo con otros hombres.

Picasso apenas notaba la tristeza de Olivier. En gran parte, Braque había sustituido a Olivier en la vida de Picasso. Braque y Picasso se veían casi todos los días, y ninguno de los dos consideraba terminada una obra hasta que él otro hubiera dado su opinión. Los días de Picasso, sus propios pensamientos, parecían consumidos por sus experimentos cubistas y ésto continuó hasta la primavera del año siguiente.

En 1910, los cuadros de Picasso fueron exhibidos en Budapest, Hungría, en la Galería Notre-Dame-des-Champs en París y en las Galerías Grafton en Londres y también en Alemania. En junio de ese año, Picasso y Olivier se fueron de vacaciones otra vez a España, esta vez a la costa de Cataluña donde Picasso produjo tres grabados ilustrando una obra de teatro de Max Jacob—*Mujer con mandolina, Mujer desnuda* y *El remero,* todos en el estilo alto o extremado del cubismo. Picasso y Olivier regresaron a París en septiembre con varios lienzos sin terminar, la mayor parte retratos.

Muchos críticos estaban horrorizados por los cuadros de Picasso y generalmente por el cubismo, que bajo el liderazgo de Picasso y Braque se distanciaba más y más de lo que había sido la pintura. Por ejemplo, un crítico describió la obra de Picasso como "un retorno al barbarismo y al salvajismo primitivos, un rechazo y una degradación total de todas las bellezas de la vida y la naturaleza." Otro crítico, después de contemplar la obra de Picasso en una exposición en abril de 1911 en Nueva York, la llamó: "desarticulada, desconectada, incoherente, antiestética." Sin embargo, el genio de Picasso calló a otros pocos críticos más tolerantes. Por ejemplo, en una crítica que apareció en la publicación *New Age,* John Middleton Murray escribía: "Niego con franqueza toda pretensión de comprender o incluso, de apreciar a Picasso. Me llena de admiración."

En el otoño de 1911 Picasso conoció a Eva Gouel, quien era conocida como Marcelle Humbert, en una reunión en casa de los Stein. Compañera del pintor polaco Louis Markus, Humbert empezó a reunirse con Picasso en el Ermitage, uno de los cafés preferidos de Picasso. A la vez que su relación con Olivier se extinguía, evolucionaba su vínculo sentimental con Humbert; mientras tanto, Olivier se juntó con un joven pintor italiano llamado Ubaldo Oppi. Pronto se hizo claro que la relación entre Picasso y Olivier que había durado siete años se había terminado. Ese invierno, Picasso dedicó el cuadro intensamente abstracto *Ma jolie* a su nueva amante.

A comienzos de 1912 los cuadros de Picasso fueron expuestos en Moscú, Munich y Barcelona. Gozaba ahora de fama internacional, de un relativo éxito económico y del reconocimiento de su genio por parte de muchos amantes del arte, marchantes y críticos.

Después de haberse establecido como uno de los principales pintores del mundo, Picasso empezó a explorar otras formas en más profundidad. En marzo de 1912 su tendencia hacia el cubismo sintético, la contrapartida tridimensional de la pintura cubista, produjo la *Guitarra,* una esultura que hizo de planchas de metal y alambre. Con esta obra rompió con los modos tradicionales de hacer una escultura, es decir, modelar y tallar, y abrió la puerta a un siglo de escultura construida.

En mayo de ese año Picasso ensayó un experimento atrevido; pegó a un lienzo un pedazo de hule que había sido fabricado para parecerse al asiento de rejilla de una silla; después pintó algunos objetos: entre ellos, una pipa, un cuchillo, una rodaja de limón y una concha de mar en el mismo lienzo. Asi se produjo *Bodegón con asiento de rejilla.* Fue el primer collage del mundo, una forma de arte totalmente diferente del que muchos artistas se aprovecharían para producir efectos nuevos, pegando por ejemplo, todo tipo de cosas como fotografías, recortes de periódico y papel plateado a los lienzos. (La palabra *collage* viene del verbo francés *coller,* "pegar con cola.")

Poco después de terminar su primer collage, Picasso se embarcó en una gira de Francia que duraría unos cuatro meses. Con Humbert, Picasso visitó Céret, Avignon y Sorgues-sur-l'Ouvèze, volviendo a

(Continue en la página 65)

Los cuadros de Pablo Picasso

Dos payasos (1901)

Les Demoiselles d'Avignon (1907)

Autorretrato (1906)

Botella de Pernod (1911)

Vaso, ramo de flores, guitarra y botella (1919)

Retrato de Jacqueline con las manos cruzadas (1954)

Niña sentada (1970)

La carrera (1922)

(Continuación de la página 56)

París en el otoño. En octubre la pareja se mudó a un estudio en el Boulevard Raspail, donde Picasso continuó su trabajo en formas bi- y tridimensionales. Menos de una año después, Picasso y Humbert se mudaron de nuevo, esta vez a un estudio en la calle Schoelcher. Aunque el nuevo lugar era enorme, había crecido hasta tal punto la colección de cuadros de Picasso que una vez instalada en el nuevo estudio, quedaba poco espacio para la vivienda.

En 1913, se expuso las obras de Picasso en Viena, Munich, Nueva York, Moscú, Praga y otras grandes ciudades a lo largo del mundo, granjeando alabanzas y ovaciones en todas partes. En este momento se había alejado del cubismo analítico, acercándose al cubismo sintético al sintetizar los motivos fragmentados del movimiento anterior en grandes formas planas, llenas de color y que significaban objetos. *Hombre con guitarra,* por ejemplo es una obra de cubismo sintético. Una obra completada en el otoño de este año, *Mujer sentada en un sillón,* muestra la combinación de las dos formas.

El 2 de mayo Picasso recibió la noticia que su padre estaba gravemente enfermo. Al día siguiente, José Ruiz Blasco murió. El artista viajó a Barcelona para rendir homenaje a su padre y después volvió a Francia. Durante el resto del año, le fue difícil trabajar al afligido artista.

En agosto de 1914 estalló la primera guerra mundial entre los poderes europeos, oponiendo a Francia, Gran Bretaña y Rusia contra Alemania y Austria-Hungría. En un arranque de ardor patriótico, un sinnúmero de jovenes franceses, entre ellos Braque y otros artistas del círculo de Picasso, se fueron a luchar. Puesto que era raro ver a un joven fuerte y sano en las calles de París durante la guerra, a menudo la gente miraba a Picasso con sospecha. Mucha gente se preguntaba por qué no estaba lejos, con los otros

La autora norteamericana
Gertrude Stein (1874–
1946) en su casa de París.
Amiga de Picasso desde
1905, Stein se interesó
profundamente en su obra
y le presentó a otros artistas. En el retrato de Stein
pintado por Picasso en
1906, en la parte superior
de la foto, destacaba el
motivo de máscara africana
que preparó el camino para
la obra revolucionaria,
Demoiselles.

jóvenes de su generación, participando en la lucha por
derrotar a los alemanes. ¿Pensaba que porque era
un artista de talento, era mejor que los otros
muchachos que se habían ido y que se arriesgaban
la vida? ¿No tenía ningún sentido de responsabilidad
u obligación social?

Picasso tenía sentimientos contradictorios con
respecto a la guerra. Aunque vivía en Francia y se
había establecido en París, no era francés; España era
neutral y tenía muchos amigos alemanes, de ahí que
sus vínculos eran borrosos. También Picasso estaba
muy consciente de quién era—uno de los máximos
artistas del siglo XX. Sabía en lo más profundo de
su ser que la contribución más valiosa que podía
aportar a sus semejantes era a través de su arte y,
por lo tanto, pudo haber pensado que su vida era

demasiado preciosa como para exponerse a perderla en el campo de batalla, especialmente cuando sus lealtades estaban mal definidas.

Mientras tanto, Humbert había caído gravemente enferma. Tosía sangre y le era cada vez más difícil respirar. Finalmente se supo que lo que al principio se le había diagnosticado como bronquitis, era en realidad tuberculosis, entonces una enfermedad mortal. A finales de 1915, Humbert fue internada en una clínica en Auteuil, un pueblo de las afueras de París. Aunque Picasso la visitaba frecuentemente, él se sentía solo sin ella.

En diciembre Picasso le escribió a Gertrude Stein, quien estaba en Mallorca, "Mi vida es un infierno. Eva empeora día a día. . . . Sin embargo, he pintado un cuadro de un arlequín que, según mi opinión y la de otros muchos, es lo mejor que he hecho nunca." *Arlequín* es una obra en una serie de cuadros cubistas sobre el tema del arlequín que Picasso produjo empezando en 1915. El poeta Jean Cocteau, de permiso del ejército, visitó el estudio de Picasso ese mes, junto con el compositor Edgar Varèse; posiblemente figuraban entre los "otros muchos" a quienes les gustaba el cuadro.

El 14 de diciembre Picasso recibió la noticia que su amada Eva había muerto. Max Jacob y el pintor Juan Gris le acompañaron al entierro. Le escribió a Gertrude Stein, contándole el tormento que había experimentado mientras Eva sufría y dando expresión a su hondo sentimiento de pérdida ahora que estaba muerta. Por un tiempo después de la muerte de Gouel, Picasso se volvió hacia dentro, reuniéndose con contados amigos y trabajando poco.

Inmediatamente después de Navidad, París, agotada de la guerra, fue animada por una representación del ballet *Firebird,* por el compositor ruso Igor Stravinsky. La compañía de baile que interpretó *Firebird,* los Ballets Rusos, había de hacerse famosa bajo la dirección del empresario, Serge Diaghilev. Fue Diaghilev quien trajo a los grandes bailarines Vaslav Nijinsky y Anna Pavlova a París, electrizando al público de ahí. A Cocteau, uno de los espíritus más creadores del siglo—entre otros—le encantó la producción y decidió introducir a Picasso al mundo del ballet. Tuvo la idea de crear un ballet para el cual el compositor francés Erik Satie compondría la música, Picasso diseñaría los trajes y los decorados y el coreógrafo Léonide Massine dirigiría el baile. Empleando la astucia, Cocteau logró convencerlos y los tres hombres empezaron a trabajar juntos. El ballet se llamaría *Parade*.

Algunos de sus amigos en el Café Rotonde intentaron disuadir a Picasso de envolverse en el proyecto, sosteniendo que un hombre de su talento y estatura se estaba rebajando al diseñar los trajes y los decorados para una producción teatral. Pero Picasso estaba emocionado por la idea y, de forma característica, actuó

Picasso (con gorra) posa con los tramoyistas que trabajaban en el telón diseñado por él para el ballet Parade, *en 1917. Su colaboración en el ballet fue una simple diversión en la carrera de Picasso, pero tuvo un impacto significativo en su vida personal: durante el proyecto conoció a la bailarina Olga Kokhlova, quien pronto se convirtió en su esposa.*

llevado por sus instintos. Cocteau y él salieron para Roma, Italia, donde se llevaría a cabo el proyecto.

Picasso consiguió un cierto grado de entusiasmo para el proyecto a causa de una mujer llamada Olga Kokhlova, una de las bailarinas de Diaghilev. Hija de un coronel del Ejército Imperial Ruso, Kokhlova había nacido en Ucrania en 1891. Se había marchado de casa a la edad de 21 años para formar parte de los Ballets Rusos, lo que le fue posible más por su status social que por su talento. Aunque Kokhlova era mucho más convencional en sus orígenes que las mujeres que Picasso había conocido hasta el momento, Picasso dotó en ella un cierto misterio y calidad exótica, en parte debido a su fascinación por todo lo ruso. Picasso no inspiró una gran pasión en Kokhlova, pero la rusa lo encontraba bastante interesante. ¡Después de todo era Picasso!

Durante ocho semanas, Picasso se enfrascó en *Parade,* asistiendo a los ensayos y haciendo dibujos de los bailarínes. Pronto estos dibujos llenaban su estudio, adonde tenía frecuentes visitas, entre ellas Igor Stravinsky. Picasso y Stravinsky eran dos de los gigantes artísticos del siglo XX y cuando los dos estaban en la misma habitación, la temperatura parecía subir. Ambos acababan de escandalizar al mundo—Picasso con *Demoiselles* y Stravinsky con *Le Sacre du printemps* (La consagración de la primavera), una partitura para ballet que, como la obra maestra de Picasso, parecía despertar las pasiones de una lejana época pagana. Cuando la compañía de Diaghilev se marchó para actuar en Nápoles en marzo y en Florencia en abril, Picasso y Stravinsky fueron también y pasaron mucho tiempo juntos paseando por las calles de estas bellas ciudades italianas.

Parade se estrenó el 18 de mayo de 1917 en el Teatro Châtelet y escandalizó al público. Al levantarse el telón se oyó el estrépito de sirenas, trenes, aviones y otros ruidos que componen la vida cotidiana del siglo

XX. Le había parecido natural a Picasso, ya que la representación tendría lugar a menos de 200 millas de donde morían soldados franceses por la artillería alemana, que *Parade* debería romper con todas las tradiciones del ballet. Y las rompió. Los trajes y los decorados de Picasso se burlaban de—incluso, insultaban a—las tradiciones con las que contaba el público francés cuando asistía al ballet. El teatro resonaba con abucheos y silbidos y hubo personas que gritaron insultos y maldijeron el nombre de Picasso.

El crítico Apollinaire tuvo otro parecer. Escribió que Picasso y Massine

> consumaron por vez primera este matrimonio de la pintura y el baile, de las artes plásticas y el mimo que significa el ascenso al trono de un arte más completo. . . . Esta nueva alianza—porque hasta ahora los trajes y el decorado de una parte, la coreógrafía por otro estaban vinculados sólo de forma artificial—ha dado lugar en *Parade* a una especie de surrealismo que yo veo como el punto de partida de una serie de manifestaciones del nuevo espíritu.

Juan Gris también elogió la representación, considerándola "sin pretensiones, alegre y claramente cómica."

Pero *Parade* ofendió a la mayoría de los críticos. Uno en particular empleó un lenguaje tan fuerte para criticar la obra, que Erik Satie se creyó justificado al responderle con una carta igualmente violenta. El crítico luego demandó a Satie por libelo y difamación; después de un tiempo el compositor fue condenado a una semana en la cárcel. *Parade,* con toda la indignación, todo el tumulto y el escándalo que la rodeaba fue la primera obra moderna de arte de *performance.* Inicialmente condenada como una obra del diablo que se mofaba de todo lo que era sagrado en el arte, *Parade,* con el tiempo, fue reconocida como una obra maestra moderna. El drama que transcurría fuera del escenario no significaba nada

Entre los mejores amigos y admiradores de Picasso estaba el poeta francés Guillaume Apollinaire, fotografiado aquí durante su convalescencia a consecuencia de una grave herida a la cabeza, recibida durante la Primera Guerra Mundial. Cuando el público y los críticos arremetieron brutalmente contra Parade, Apollinaire defendió el ballet como un ejemplo del "espíritu nuevo."

a Picasso, quien sabía muy bien lo que estaba haciendo y por la mayor parte, ignoraba las críticas.

La compañía de baile viajó a España en junio y Picasso la siguió pero cuando la compañía salió para América del Sur, él y Kokhlova se quedaron en Barcelona, donde algunos de sus compañeros artistas le agasajaron con un homenaje de bienvenida. Mientras estaba ahí, pintó a *Olga Picasso con mantilla,* un cuadro que ejecutó en el estilo naturalista a petición de Olga. Ella le había pedido que le hiciera la cara reconocible en el retrato. También mientras estaba en Barcelona, Picasso presentó Olga a su madre, quien le aconsejó a la bailarina que no se casara con su hijo.

Kokhlova no siguió los consejos de María Picasso. Olga y Picasso se casaron el 12 de julio de 1918 en la iglesia del rito ruso ortodoxo en la calle Daru en París. Jacob, Cocteau, Apollinaire, Diagilev, Massine, Matisse, Braque y Gertrude Stein fueron algunas de las lumbreras que asistieron. Después los recién casados se fueron a Biarritz, lugar de playa y de veraneo, para su luna de miel.

El 9 de noviembre, Picasso se estaba afeitando en su baño en París cuando supo la noticia de la muerte de su amigo Apollinaire, víctima de la pandemia mortal de gripe que estaba barriendo el mundo. La noticia le conmocionó; Apollinaire tenía sólo 39 años y había sido durante unos 14 años uno de los mejores amigos del artista. Dos días después de la muerte de Apollinaire, terminó la Primera Guerra Mundial. Muchos celebraron el fin de la matanza; otros lamentaron el gran número de personas que murieron en la guerra, lo que había truncado las esperanzas y los sueños de una generación. Picasso, una figura solitaria en el horizonte, pero aún así una personificación de los tiempos, se hundió en un malestar profundo.

EL TORO Y LOS TIRANOS

Durante la década de los 20, París era un hervidero de actividad cultural. Un sinnúmero de pintores, escritores, músicos e intelectuales afluían ahí de todas partes del mundo para trabajar, compartir ideas y quizás, triunfar. El gran escritor irlandés James Joyce estaba ahí, como también lo estaban los novelistas norteamericanos Ernest Hemingway y F. Scott Fitzgerald. Muchas personas que llegaban a París no eran ni escritores ni artistas; millonarios eccéntricos, bohemios, y refugiados políticos se iban también a París porque era *el* lugar donde estar para los que vivían al margen de la sociedad establecida. En su casa, Gertrude Stein recibía a muchas lumbreras del mundo del arte y otros miembros de lo que ella llamaba "la generación perdida."

El 18 de enero de 1920, el inelectual y exiliado político rumano, Tristan Tzara llegó a París invitado por los escritores franceses André Breton y Louis Aragon. Juntos con Philippe Soupault, el poeta Paul Éluard, y otros escritores, empezaron un movimiento llamado dadaísmo (también conocido como Dada) y publicaban la revista *Littérature,* el órgano principal del movimiento.

Los dadaístas proclamaban la bancarrota del arte, que en su opinión se había corrompido a causa de siglos de refinamiento y artificio supérfluos. Ellos sos-

Picasso durante los años 20, fotografiado por el artista surrealista Man Ray. En el transcurso de la década, Picasso se alejó del cubismo e hizo experimentos con el surrealismo; con el mismo espíritu inquieto también procuró nuevos puntos de partida en su vida emocional.

73

tenían que el arte debe representar la vida y la realidad tal como uno las experimenta—un bombardeo fortuito, absurdo, sin sentido, de sonidos e imágenes en un universo vacío e impío—y que el único arte verdadero es la expresión de, o el placer del capricho individual. A principios de la década de los 20, muchos dadaístas proclamaron la muerte del cubismo, pero Tzara no se contaba entre ellos. Escribió: "Con tal de que haya pintores como Picasso, Braque y Gris . . . nadie puede hablar de la muerte del cubismo sin parecer idiota." La verdad es que, aunque Picasso y otros siguieron usando técnicas cubistas, los dadaístas tenían razón al declarar que el cubismo ya no era un movimiento artístico viable después de 1920.

A principios de los años 20, Picasso, aunque aún producía cuadros y esculturas cubistas, empleaba cada vez más, otros estilos también. Por ejemplo, *Dos mujeres sentadas,* que ejecutó en 1920, *Tres mujeres en la fuente,* una obra que produjo en 1921 y *Los bañistas,* también de 1921, pertenecen a un estilo neoclásico. Aunque a Picasso le encantaba discutir sobre pintura, y aunque obviamente entendía mucho de las diversas teorías de la pintura, no le daba mucha importancia al proceso intelectual de teorizar sobre el arte. "Todo el mundo quiere entender el arte," se quejó una vez. "¿Por qué no procurar comprender la canción de un pájaro? ¿Por qué ama uno la noche, las flores, todas las cosas que nos rodean, sin intentar entenderlas? Pero en el caso de la pintura, la gente tiene que entender. Si sólo puderian darse cuenta ante todo que un artista trabaja por necesidad."

En 1921 Olga Picasso dio a luz a un niño, Paulo, y Pablo documentó los primeros meses de su hijo en una serie de dibujos. Picasso gozaba ya de un tremendo éxito internacional. No sólo se vendían sus cuadros a precios muy altos; había seguido trabajando con los Ballets Rusos de Diaghilev, diseñando y creando trajes y decorados por varios ballets, y el cubismo se había convertido en un movimiento de vastas dimensiones. Ganaba ahora más de un millón de francos al año y asistía a menudo a fiestas dadas por la alta sociedad parisina. Durante del verano de 1921, Pablo, Olga y el niño Paulo, se mudaron a una impresionante villa en Fontanebleau, donde Picasso pintó las dos versiones famosas de *Los tres músicos*. Pero el pintor pronto se cansó del mundo doméstico, de jardínes podados, habitaciones limpias y espaciosas y criados en las afueras de la ciudad. La relación con su esposa se hizo tirante. En septiembre se mudó con su famila de vuelta a París; claramente buscaba un nuevo rumbo en su vida y su arte.

En París, mientras que el dadaísmo se disipaba en la nada de donde había surgido, le sustituía el surrealismo. Breton, quien se había separado de Tzara y había conocido al psicolanalista Sigmundo Freud en 1921, se convirtió en el líder del movimiento surrealista, que subrayaba la exploración artística de los sueños y del subconsciente humano, ambos temas fundamentales de la obra de Freud. Breton había conocido a Picasso en 1918, había admirado profundamente la obra del pintor, expresando su admiración en *Littérature*. En 1925, cuando fue representado en una exposición en París titulada "La pintura surrealista," Picasso tenía un pie firmemente plantado en la escuela surrealista.

Mientras tanto, el otro pie de Picasso estaba tentando nuevos territorios, particularmente en su vida personal. Se había hecho inquieto, aburrido con su relación con Olga y su vida juntos. Por lo tanto, no era sorprendente que en enero de 1927, cuando vió a la bella Marie-Thérèse Walter salir del metro de París cerca de las Galerías Lafayette (unos famosos almacenes parisinos) se acercara a ella y se presentara. "Señorita, usted tiene un rostro interesante. Me gustaría pintar su retrato. Soy Picasso."

En Los tres músicos, *cuadro pintado en 1921, Picasso cierra la distancia entre el cubismo y el surrealismo. El cuadro muestra los patrones geométricos del cubismo pero también evoca los caprichosos e irreales lienzos de los surrealistas.*

El nombre no significaba nada para Walter; tenía 17 años, 30 menos que Picasso; no sabía nada de él ni del mundo del arte. Pero Picasso estaba deseoso de enseñarle y a ella él le resultaba irresistible. Se encontraron otra vez dos días después, charlaron y fueron al cine. Picasso la cortejó durante seis meses, y se hicieron amantes el día de su 18 cumpleaños, pero Picasso mantuvo la relación en secreto.

A finales de los años 20, Picasso seguía explorando temas surrealistas. Por ejemplo, duante el verano de 1927 produjo un álbum de dibujos ejecutados en pluma y tinta llamado *Las metamorfosis,* y en el otoño pintó *Mujer sentada* y empezó a explorar el tema del Minotauro—todo ésto en el estilo surrealista. En 1929, Picasso empezó a trabajar en una escultura de metal grande titulada *Mujer en un jardín* y pintó *Busto de mujer con autorretrato* y *Bañista en la playa;* obras que señalaban el comienzo de un período (que iba a durar varios meses) en el que retrataba a las mujeres como seres agresivos, e incluso, monstruosos.

A comienzos de los años 30 Picasso disfrutaba de un éxito creciente. Su obra seguía siendo reproducida en importantes revistas y publicaciones de arte tales como *Minotaure,* una revista surrealista, cuyo primer ejemplar apareció en mayo de 1933. La obra de Picasso también se exponía en las galerías de arte más prestigiosas del mundo, entre ellas las galerías Reinhardt, John Becker y Valentine de Nueva York; la Galería Goemans y las Galerías Georges Petit de París; el Arts Club de Chicago; en una importante retrospectiva, "Treinta Años de Pablo Picasso," en la Galería Alex Reid & Lefèvre de Londres. También durante este período Marie-Thérèse Walter figuraba de forma notable en la obra de Picasso. Por ejemplo, a principios de 1932, ella posó para una serie que pintó Picasso de mujeres durmiendo; y en 1933 el pintor empezó una serie de grabados, conocida después como la Suite Vollard, para la cual ella también fue el modelo.

Ese año, otra mujer que había jugado un papel importante en su vida entró de nuevo en el mundo

Una fotografía de Man Ray de Picasso, vestido de torero, y de su esposa Olga (derecha), en un baile de disfraces durante los años 20. Admirado internacionalmente y cada vez más rico, Picasso tenía acceso ahora al mundo de la alta sociedad y de casas imponentes; pero sus ojos revelan la energía volcánica que pronto destrozaría su tranquila vida de familia.

picassiano. Al volver de unas vacaciones en España, Picasso se consternó al saber que Fernande Olivier había publicado selecciones de sus memorias en *Le Soir* y la *Mercure de France*. Picasso intentó parar la publicación de las memorias. Olga Picasso tampoco quería que las relaciones íntimas anteriores de su marido llamaran la atención. Pero a pesar de los esfuerzos de Picasso, las memorias fueron publicadas con el título de *Picasso y sus amigos*. No era un libro hostil, pero ésto le importaba poco a Picasso, quien quería controlar y definir la leyenda que rodeaba su nombre. Por un tiempo, descargó sus frustraciones en Olga y Marie-Thérèse; después, en agosto de 1934, volvió brevemente a España, donde su matrimonio seguía desgastándose.

En la obra de este período, Picasso siguió explorando el tema del Minotauro mítico, una bestia poderosa y violenta y para él un símbolo de desafío y de destrucción. Los grabados de la época—entre ellos: *La cogida de un caballo; Toro moribundo; Muerte del torero; Toro destripando un caballo* dan testimonio de la rabia que sentía Picasso en ese momento y hasta qué punto se identificaba con la situación del animal. Como un toro en el ruedo, Picasso estaba atormentado por los límites frustrantes de su matrimonio; buscaba desesperadamente un modo de emanciparse. Para colmo, la compañía de su amante le procuraba poco consuelo. Pronto había de sentir que el círculo se hacía aún más reducido; Marie-Thérèse Walter estaba encinta.

Al saber la noticia, Olga Picasso dejó a su marido y, llevándose con ella a Paulo, se mudó a una habitación en un hotel vecino. Picasso se alegró de la separación, pero sabía que un acuerdo de divorcio bajo la ley francesa significaría renunciar no sólo a la mitad de su dinero, sino también a varios cuadros suyos. Esta fue una de las razones por las que no había tratado de divorciarse antes. Seguía con la esperanza de poder evitar esta experiencia penosa.

El 5 de septiembre de 1935, Walter dió a luz a una niña, María de la Concepción, llamada así por la hermana de Picasso que murió siendo aún muy pequeña. Picasso se alegró de tener una hija, pero su relación con Walter ya no poseía la misma vitalidad de antes y empezó a pensar en dejarla.

Picasso entró en un período en que pintaba poco pero escribía mucho. Escribía largos pasajes en su diario, escribía cartas, hasta componía poemas. La poesía de Picasso está en un torrente de conciencia,

Marie-Thérèse Walter, fotografiada en 1927, el año en que conoció a Picasso. Walter y Picasso, quien tenía 30 años más que ella, se hicieron amantes el día de su 18 cumpleaños; cuando Walter dió a luz a una hija, María de la Concepción, en 1935, el hecho puso fin al matrimonio de Picasso.

el estilo de los surrealistas. También pasaba mucho tiempo con su amigo de la infancia Jaime Sabartès, quien se había mudado al apartamento de Picasso en la calle La Boëtie y con Paul Éluard, quien pronto se estaba convirtiendo en uno de los mejores amigos de Picasso. Pero estos hombres no podían rescatar a Picasso del suplicio que estaba experimentando; debía resolver sus propios problemas antes de poder volver a su trabajo.

A principios de 1936 otra joven y bella mujer, sacudió las pasiones de Picasso. Se llamaba Dora Maar—forma corta de Henriette Theodora Markovitch. Éluard se la presentó a Picasso en el Deux-Magots, un café frecuentado por los surrealistas. Mitad yugoslava y mitad francesa, Maar era fotógrafa, pintora, y una verdadera intelectual; puesto que había vivido una temporada en Argentina, hablaba español perfectamente. Cliente habitual del Deux-Magots, era muy amiga de Breton. A diferencia de Marie-Thérèse Walter, Maar era una mujer sofisticada que podía discutir sobre arte y filosofía con los pintores y los filósofos de época. En seguida intrigó a Picasso.

Ese año, se incluyó las obras de Picasso en varias exposiciones en todo el mundo, incluyendo una exposición importante llamada "Cubismo y el arte abstracto" en el Museo de Arte Moderno de Nueva York. Empezó a trabajar febrilmente, terminando el cuadro *Mujer durmiendo delante de persianas verdes,* para el cual Walter fue la modelo, y empezó una serie de dibujos y acuarelas en la que volvía al tema del Minotauro.

Mientras que Picasso estaba en su estudio, enfrascado en su trabajo, el mundo que le rodeaba se estaba transformando rápidamente. En junio, un nuevo gobierno—una coalición de liberales de clase media, socialistas y comunistas, conocida como el Frente Popular—fue elegida en Francia. En España, un partido paralelo, también llamado Frente Popular, había

ganado las elecciones con una mayoría importante;
pero los elementos militares y derechistas, dirigidos
por el fascista Francisco Franco, intentaron mante-
erse en el poder por la fuerza. Cuando los partidarios
de la nueva República española se lanzaron a la calle
para recuperar su país, se enfrentaron a los nacionalistas
de Franco; las calles se llenaron de sangre. Para julio,
España estaba envuelta en una guerra civil de gran
envergadura.

Aunque pasaba largos días encerrado en su estudio, enfrascado en su trabajo, Picasso no se mantuvo
alejado del tumulto político alrededor de él y en su
España natal. A principios del verano honró a Léon
Blum, dirigente del Frente Popular en Francia y el
primer socialista que había llegado a ser primer
ministro del país, al prestar un diseño para adornar el
telón para una representación del *14 de julio* de
Romain Rolland en el Teatro Alhambra, el Día de
la Independencia. También expresaba abiertamente
su apoyo por los Republicanos en España y su oposición a Franco, quien estaba preparándose para
apoderarse del país.

Franco contaba con partidarios poderosos. Por
ejemplo, varios terratenientes españoles consideraban
que un régimen franquista les proporcionaba la
mejor oportunidad para mantener su riqueza; los empresarios estadounidenses y británicos se enriquecían
vendiéndoles petróleo y camiones a los Nacionalistas
de Franco. Los partidarios más infames de Franco eran
los dictadores fascistas Benito Mussolini de Italia y
Adolf Hitler de Alemania. Cuando Franco necesitaba
ayuda para transportar su ejército de África desde
Marruecos al centro norte de España, donde el general rebelde Emilio Mola Vidal había declarado un
gobierno nacionalista provisional bajo su propio
liderazgo, se dirigió a Mussolini y a Hitler.
éstos pensaban que una España fascista se ajustaría

muy bien a sus planes para conquistar Europa; por tanto convinieron en mandar no sólo aviones de transporte sino también artillería.

El 1 de octubre de 1936, Franco se declaró jefe del gobierno español pero, a pesar de las medidas brutales llevadas a cabo por su policía militar, aún no había consolidado su poder. No sólo se enfrentaba a la oposición del General Mola y su ejército de 20,000 soldados, sino que la resistencia republicana seguía siendo un obstáculo en el camino. Además, las Brigadas Internacionales, hombres y mujeres de todo el mundo que se habían alistado como voluntarios para ir a España para detener el avance del fascismo, luchaban del lado de la República. Sin embargo, Franco confiaba que, con la ayuda de Mussolini y Hitler, pronto conquistaría España para la causa Nacionalista.

Pero Mussolini y Hitler se estaban impacientando con Franco y amenazaron con prestar ayuda a Mola Vidal. Les interesaba una España fascista y les importaba poco quién la dirigía. Decidieron accelar sus esfuerzos por asegurar España para los Nacionalistas y lanzaron una campaña de bombardeo de Madrid, fortaleza de la resistencia democrática. En noviembre, las fuerzas Nacionalistas atacaron a las milicias Repúblicanas situadas a la entrada de Madrid; dispararon a los ciudadanos en las calles, y desfilaron por las avenidas principales de la ciudad, matando a los que se interponían en su camino. Desde el cielo, aviones alemanes se juntaban todos los días a los aviones de bombardeo Nacionalistas acometiendo los barrios civiles de la ciudad.

El desprecio de Picasso hacia Franco es evidente en su grabado de enero de 1937 *Sueño y mentira de Franco,* en el que se retrata al general como un bufón grotesco. Agradecidos por la condena de Picasso a Franco, los Repúblicanos invitaron al artista a desempeñar el cargo de director del Museo del Prado y a principios de 1937 le encargaron pintar un mural para

La postura relajada de Picasso en su casa en Mougins, Francia, en 1936, contradice el tumulto que le rodeaba. Su relación con una nueva amante, Dora Maar, había complicado aún más su vida personal; en la esfera política, la agresión fascista a la República española le afligió profundamente.

el Pabellón Español en la Exposición Internacional de París que se iba a inaugurar en junio de ese año.

Mientras que la guerra continuaba en Madrid, Franco se dirigió a las facciones liberales en el País Vasco en el norte, las que representaban para él otro obstáculo en su lucha por apoderarse de España. El 26 de abril de 1937, se lanzó una salvaje campaña de bombardeo sobre el pueblo vasco de Guernica. El bombardeo duró sólo tres horas pero casi la cuarta parte de los 7,000 habitantes del pueblo murió en la sangrienta carnicería, lo que dejó estupefacta a la comunidad internacional y le valió a Franco la reprobación del mundo. Cuando vio las fotos escandalizadoras del pueblo sacadas después del bombardeo, Picasso se enfrascó en su trabajo. El título de su mural para el Pabellón Español sería el *Guernica*.

TAREAS Y AMORES

*Picasso produciendo
cerámica en su estudio
en Vallauris, Francia.
Cuando Picasso y su
nuevo amor, Françoise
Gilot, se mudaron a
Vallauris en 1948, el
artista dedicó sus energías
creadoras a la revitaliza-
ción de la industria
alfarera del pueblo—un
año más tarde, hubo una
exposición de149 piezas
de cerámica de Vallauris
en París.*

Son raras esas figuras solitarias de la historia que, a través de un acto de compasión sublime surgen del polvo que ciega y abrasa para inspirar a los que han de reunir el valor para empezar de nuevo. A lo largo de los siglos, tragedias absurdas han pesado sobre los individuos, haciendo que las ruedas se deslicen y, con su inclinación hacia la avaricia y la hostilidad, la humanidad se ha atraído mucho sufrimiento. Pero la raza humana siempre ha logrado encontrar la fuerza suficiente para sostenerse y luchar por mejorar las condiciones de vida de todo el mundo. Los que han tenido la oportunidad de llevar el timón no siempre han navegado con sabiduría, pero a través de los siglos siempre ha habido los que luchaban contra la corriente para conducir a la humanidad por la niebla espesa de la avaricia y el odio hacia un futuro mejor. Picasso fue una persona así.

Picasso, apasionado, empezó a trabajar en el mural de *Guernica,* haciendo más de 50 bocetos preliminares incorporando algunos de sus temas familiares, entre ellos, el Minotauro y las imágenes del *Sueño y mentira de Franco.* Trabajaba día y noche y, dentro de unas pocas semanas, una de las principales obras maestras del siglo XX empezó a tomar forma. El artista les permitió a ciertas personas venir a su estudio para verlo trabajar;

Dora Maar, cuya propia vision y convicción alentaron la rabia de Picasso y añadieron a la obra, documentó el progreso de *Guernica* sacando fotos de las diferentes etapas. El artista español estaba decidido a condenar la violencia del modo más poderoso posible. Para Picasso, el genio artístico de su época, eso significaba la creación de una obra maestra violenta y horripilante que retratara la brutalidad del martirio de Guernica y la degradación de la vida y la belleza que era el fascismo.

Como si la obra no se expresara claramente, Picasso pronunció una declaración enfática de su posición sobre Franco y la Guerra Civil Española. Escribió, "La lucha española es la lucha de la reacción contra el pueblo, contra la libertad. . . . En el mural sobre el que estoy trabajando, al que llamaré *Guernica,* y en todas mis obras recientes, expreso claramente mi horror por la casta militar que ha hundido España en un océano de dolor y de muerte." A principios de junio, el *Guernica,* un enorme lienzo que medía 8 metros por 3 metros y medio, fue instalado en el Pabellón Español de la Exposición Internacional de París.

Ese verano, Picasso y Dora Maar viajaron a Mougins, donde se reunieron con Paul Éluard y su esposa, Nusch. También fueron a Niza a visitar a Matisse, quien se había mudado ahí en 1916. Viajaban con el perro de Picasso, Kazbek, y cajas de pinceles y pinturas. Marie-Thérèse Walter, sin embargo, no acompañó al artista; poco a poco Picasso la estaba borrando de su vida.

La obra de Picasso se expuso en varias exposiciones retrospectivas en 1937. En noviembre, 23 de sus obras fueron presentadas en una muestra en Nueva York titulada "Picasso de 1901 a 1937." La exposición incluía *Les Demoiselles d'Avignon,* que poco después fue adquirida por el Museo de Arte Moderno por 24 mil dólares. Otras exposiciones importantes ese año eran

"Cincuenta Dibujos de Pablo Picasso" y "Chirico y Picasso," ambas en la Galería Zwemmer de Londres.

La honda preocupación de Picasso por la causa Republicana le motivó a pronunciar un discurso en el Congreso de Artistas Americanos en Nueva York en diciembre de 1937. Franco había acusado públicamente al gobierno Repúblicano en España de maltratar los tesoros de arte inestimables del país. Picasso, como director del Prado, hizo una declaración, publicada en el *New York Times,* en la que rechazaba la propaganda franquista y defendía al gobierno Repúblicano contra la acusación. Dijo que "el gobierno democrático de la República Española ha tomado todas las medidas necesarias para proteger los tesoros de España durante esta cruel e injusta guerra." Y añadió, para subrayar un tema en el que creía profundamente y al cual volvería varias veces en el curso de su vida. "El artista," dijo, "ni puede ni debe permanecer neutral en un conflicto en que se juega el destino de esos supremos valores del hombre."

Mientras tanto, el fascismo crecía, y el mundo observaba con temor. En marzo de 1938, las tropas alemanas ocuparon Austria; en septiembre los líderes de Francia, Gran Bretaña, Alemania e Italia firmaron el Pacto de Munich, entregando Checoslovaquia a Hitler. El 26 de enero de 1939, los fascistas tomaron Barcelona donde decenas de miles de personas murieron en la batalla y el 26 de marzo capturaron Madrid. El 1 de abril terminó la Guerra Civil Española. Cuando Franco anunció La ley de Responsalibidades Políticas, una proclamación bajo la cual los refugiados que volvían al país serían llevados a juicio y ejecutados, unos 400,000 refugiados españoles decidieron quedarse en Francia en lugar de volver a su país donde probablemente tendrían que confrontar los pelotones de la muerte. Pero llevó a cabo sus ejecuciones de todas formas; de 1936 a 1944, unos 400,000 españoles fueron ejecutados por orden suya.

Mientras tanto, el avance del fascismo en Europa encontró poca resistencia. Fuerzas alemanas desfilaron en Praga, Checoslovaquia en marzo de 1939 y el 1 de septiembre invadieron Polonia. Dos días después Gran Bretaña y Francia (los aliados) declararon la guerra contra Alemania. Empezaba la Segunda Guerra Mundial. Ese año, una importante retrospectiva: "Picasso: 40 años de arte" tuvo lugar en el Museo de Arte Moderno de Nueva York. La exposición consistía de más de 300 piezas de las obras picassiana, incluyendo el *Guernica,* su atrevido mural anti-fascista, y muchos bocetos que hizo para preparar la obra.

En mayo de 1940, Alemania invadió Bélgica y cruzó la frontera francesa. Anticipando la entrada de los alemanes en París, Picasso huyó de la ciudad con Dora Maar, estableciéndose en el pueblo de Royan. Los alemanes entraron en París en junio, el primer ministro francés Henri Pétain y Hitler firmaron un armisticio, por el cual se rendía la soberanía francesa a los alemanes. Més tarde ese mismo mes los alemanes entraron en Royan sin apenas resistencia y Picasso volvió a su estudio parisino en la calle de los Grands-Augustins, donde permaneció durante la ocupación alemana de Francia. De vez en cuando lo visitaban oficiales alemanes y Picasso, burlón, les repartía tarjetas postales que reproducían el *Guernica.* Años después, contaba como un oficial al mirar la tarjeta le preguntó, "¿Esto lo ha hecho usted?" A lo que Picasso respondió, "No, esto lo ha hecho usted."

Con el tiempo Picasso era acosado sistemáticamente por los invasores alemanes. Varias obras suyas, que los Nazis declararon "degeneradas," fueron confiscadas, y algunas sufrieron daños y prejuicios. Los Nazis también prohibieron la exposición de las obras picassiana. El pintor fue invitado a residir en los Estados Unidos y en México pero estaba decidido a quedarse en París. Ahí tenía su trabajo, su familia, sus

Picasso posa con una escultura en su estudio de París en noviembre de 1944. Durante la ocupación Nazi, a Picasso se le permitió permanecer en París, pero se prohibió la exposición pública de sus obras. Después de la liberación de París en agosto de 1944, Picasso surgió de nuevo con una exposición de 50 cuadros y esculturas nuevas en el Salon d'Automne.

amigos, y el ambiente más creador que jamás había conocido, aún a pesar de la presencia Nazi. A lo largo de 1940 siguió pintando, escribiendo y cuidando de su ya extensa familia. Su hijo, Paulo, estaba en el colegio en Suiza, país neutral; pero Picasso mantenía el contacto con su esposa, Olga, para tener noticias del muchacho, y visitaba Marie-Thérèse Walter y su hija los fines de semana.

A principios de los años 40, Picasso empezó una serie de dibujos que resultarían en una escultura grande llamada *El hombre del cordero*. También pintó *Retrato de Dora Maar* y volvió a la creación de cuadros tridimensionales. Por ejemplo, para *Regadera con flor*, de 1943, montó una regadera real en el lienzo. Para el *Cabeza de un toro* del mismo año, Picasso montó un viejo sillín y un manillar de bicicleta para representar el tema.

En mayo de ese año, Picasso conoció a la joven pintora Françoise Gilot en un restaurante parisino donde ella y su amiga Geneviève Aliquot estaban sentadas con otros amigos. Picasso le trajo un tazón lleno de cerezas y les invitó a ambas jóvenes—atrevidamente le confesaron sus ambiciones artísticas al gran maestro—a visitar su estudio al día siguiente. Aceptaron y llegaron al estudio de Picasso la mañana siguiente donde lo encontraron acompañado de muchas personas y demasiado ocupado para pasar mucho rato con ellas. Pero fueron invitadas de nuevo y después de ese día, Gilot a menudo visitaba el estudio sóla. Picasso mostró verdadero interés en la pintura de ella. El pintor tenía 62 años y ella 22—un abismo generacional raramente superado por el amor—pero claramente la posibilidad existía para ambos. Le dió tubos de pintura y le enseñó cómo grabar al aguafuerte. Pronto aparecía en sus cuadros y, con el tiempo, Dora Maar se borró del panorama.

Mientras tanto, los Nazis continuaban su campaña de terror a través de Europa. Una de las preocupaciones principales de la ideología Nazi fue de eliminar del mundo a los grupos de gente que el Tercer Reich consideraba inferior, para producir una raza "pura." De ahí que varios grupos de gente—incluyendo a los judíos, los gitanos, los minusválidos, los homosexuales y los disidentes políticos y religiosos—fueron gaseados, ahorcados, fusilados, o matados de forma más gradual mediante los trabajos forzados, la experimentación médica, exposición a los elementos, o el hambre. En total, se mataron a 11.5 millones de personas. Los judíos, en particular, fueron el blanco de los Nazis. En Alemania y los países ocupados, se les obligaba a los judíos a llevar estrellas de David amarillas pegadas a la ropa para que pudieran ser identificados fácilmente. Más adelante, las autoridades congregaban a los judíos sistemáticamente y los enviaban a los campos de concentración. Picasso vió cómo varios amigos suyos—por ejemplo, Max Jacob y el escritor Robert Desnos—fueron encarcelados por los Nazis en 1944; y principalmente por temor no hizo ningún esfuerzo por ayudarles, ejerciendo su considerable influencia en favor suyo.

En marzo de ese año, una lectura de una obra de teatro escrita por Picasso, *El deseo atrapado por la cola,* fue llevada a la escena por un grupo de escritores y actores franceses de talento. El gran novelista y ensayista Albert Camus fue el director. Entre los lectores estaba el filósofo, novelista, dramaturgo y fundador del movimiento existencialista francés, Jean-Paul Sartre; su compañera de toda la vida, Simone de Beauvoir; y el novelista Raymond Queneau. Entre el público estaban Braque y el genial fotógrafo húngaro Brassaï, entre otros.

Ese verano, los invasores alemanes se enfrentaban cada vez más a las unidades de la Resistencia francesa, una red clandestina de patriotas franceses que no quisieron que su país se rindiera a Hitler. En este momento los Estados Unidos y la Unión Soviética ya se habían unido a los Aliados para ayudar a bloquear la campaña alemana; el gran esfuerzo de las fuerzas aliadas para liberar Europa del puño fascista alentó a los partidarios de la Resistencia. Los Aliados habían desembarcado en la costa de Normandía en junio, y para agosto ya habían alcanzado París. Entonces, el 25 de agosto, las tropas aliadas liberaron a París de los alemanes, y la ciudad lo celebró con música y champaña.

Aproximadamente un mes después de la liberación de París, Picasso se afilió al partido comunista, y la noticia se hizo pública el 5 de octubre en *L'Humanité,* el periódico del partido. En una entrevista publicada en el periódico, Picasso explicó por qué se había afiliado a los comunistas:

> Afiliarse al partido comunista es la conclusión lógica de toda mi vida, de mi obra entera . . . siempre he sido un exiliado; ahora, ya no lo soy; hasta el día en que España me pueda volver a acoger, el partido comunista francés me abrió los brazos. En él he conocido a los que más estimo, a los máximos científicos, los máximos poetas, todos esos bellos rostros de los rebeldes parisinos que ví durante los días de agosto; una vez más estoy entre mis hermanos.

A Picasso se la ha criticado rotundamente por afiliarse al partido comunista, el que era, después de todo, el partido de José Stalin, el dictador soviético que ordenaba el asesinato de sus contrarios políticos y que impuso los duros planes estatales que resultaron en el hambre para millones de campesinos durante los años 30. Pero a Picasso, como a tantos escritores, artistas e intelectuales de la época, le atraían los ideales del comunismo—una distribución más justa de la riqueza, el fin de la explotación de los obreros y los campesinos por los ricos, un gobierno dirigido por la clase obrera, y una economía regida por la cooperación y la propiedad en común, en lugar de por la

Con una gorra de torero puesta, Picasso preside una corrida de toros simulada en Vallauris en 1955. Aunque tenía ya más de 70 años, el artista no daba indicio alguno de aflojar el paso; continuaba trabajando a una velocidad pasmosa y persiguiendo las posibilidades del amor.

competencia; y había visto a legiones de comunistas luchar y morir en la lucha contra el fascismo.

A mediados y a finales de los años 40, la obra de Picasso seguía reflejando su rechazo de la violencia, absurda y extendida, de su tiempo. En 1945, dedicó sus energías a la creación de un segundo cuadro antibélico, *El osario,* y a una serie de bodegones, entre ellos, *Bodegón con calavera, puerro y cerámica* que subrayan la tragedia de la guerra, el terror de la ocupación alemana y el horror de los campos de concentración Nazis. En abril de ese año, tropas estadounidenses entraron en el campo de concentración Nazi en Dachau y poco después las fotografías que atestigu-

aban las atrocidades que tuvieron lugar ahí fueron publicadas en los periódicos de todo el mundo.

Françoise Gilot empezó a vivir con Picasso al año siguiente y posaba para él a menudo. Dió a luz al primer hijo de la pareja, Claude, en mayo de 1947; en 1948 se mudaron a una villa en las colinas encima de Vallauris, en el sureste de Francia, donde Picasso se dedicó a revitalizar la industria alfarera del pueblo que había estado declinando desde la Primera Guerra Mundial. (Vallauris era el centro de la cerámica Madoura, fabricada en la tienda del maestro alfarero Georges Ramié.) El trabajo picassiano de ese año culminó en una exposición en noviembre de 149 piezas de cerámica en la Casa del Pensamiento Francés en París. En abril de 1949, Gilot dió a luz, esta vez a una hija, Paloma. Picasso disfrutaba mucho con sus hijos pequeños y a menudo eran el tema de sus obras. En enero de 1950 pintó *Claude y Paloma* y *Claude y Paloma jugando.*

A pesar de su trabajo y de sus obligaciones familiares, Picasso permaneció políticamente comprometido y activo durante la década de los 50. En octubre de 1950 asistió a la Segunda Conferencia Mundial de la Paz en Sheffield, Inglaterra y el poster conmemorando el suceso llevaba la imagen de una paloma, tomada de una litografía de Picasso. Ese año ganó el Premio Lenín de la Paz. Al año siguiente pintó *Matanza en Corea,* su manifestación contra la intervención estadounidense en ese país, y en 1952 empezó las preparaciónes para adornar una capilla del siglo XIV como un templo de la paz. Para este proyecto, Picasso pintó dos paneles, uno sobre la guerra y uno sobre la paz.

Para mediados de los años 50 la relación de Picasso con Gilot era terriblemente tirante y ella volvio a París con los niños. En abril de 1954, Picasso conoció a una joven modelo llamada Sylvette David, y en el espacio

de un mes había terminado unos 40 dibujos y óleos
de ella. Entonces empezó una relación con una vend-
edora de cerámica de veinte y pico años llamada
Jacqueline Roque, a quien había conocido el verano
anterior en Vallauris. Hacía poco que se había
divorciado y tenía una niña de seis años, Catherine.
En septiembre de ese año ella se mudó a su estudio
de la calle Grands-Augustins. Al año siguiente,
Picasso ejecutó varias obras para las caul posó Roque,
entre ellas, *Jacqueline con chaleco turco* y un retrato
de ella basado en un cuadro del pintor francés
Edouard Manet.

En 1958, Picasso compró, y se estableció en el
Castillo de Vauvenargues, una finca cerca de Aix-
en-Provence.

Ahí pintó variaciones sobre las grandes obras
maestras, en particular los desnudos y los bañistas de
Manet. También volvió al tema del artista y su modelo,
en el que se concentraría en los diez años siguientes.
En 1960 una gran retrospectiva de la obra picassiana
fue presentada de julio a septiembre en la Tate Gallery
de Londres. Organizada por el Consejo de las artes
de Gran Bretaña, la exposición contenía 270 piezas.
Mientras tanto, Picasso seguía pintando y esculpiendo
a una velocidad sorprendente, terminando más de 20
lienzos, una escultura de planchas de metal, y
varias maquetas, compuestas de cartón y de papel
doblado y cortado.

El 2 de marzo de 1961, se casaron Picasso y
Jacqueline Roque en el ayuntamiento de Vallauris.
(La primera esposa del artista había muerto en 1955.)
Picasso y Jacqueline pronto se mudaron a una villa
nueva, Notre-Dame-de-Vie, cerca de Mougins y con
vista a Cannes. El artista, increíblemente vigoroso,
celebró su 80 cumpleaños ese mes de octubre sin
dar ninguna señal de aflojar el paso ni en su trabajo,
ni en sus amores.

GUERRERO
ROMÁNTICO

Junto a su segunda esposa, Jacqueline (izquierda), Picasso disfruta de una corrida de toros celebrada para festejar su 80 cumpleaños. En este momento, todos los hitos de la vida de Picasso fueron marcados por una superabundancia de honores y la organización de importantes exposiciones a través del mundo.

Aunque su obra seguía siendo exhibida en galerías más pequeñas, como por ejemplo la Galería Louise Leris en París, para comienzos de los años 60, la producción artística de Picasso era tan enorme que eran frecuentes las exposiciones por todo el mundo; su vida era una lluvia constante de homenajes. Por ejemplo, "Picasso: Un homenaje americano" se inauguró en abril de 1962. Era una exposición colaborativa en la que se mostraron 309 obras en nueve galerías neoyorquinas. Al mes siguiente, el Museo de Arte Moderno presentó: "Picasso, Exposición 80 Cumpleaños: La Colección del Museo, Presente y Futuro." El Museo Picasso, en Barcelona, se inauguró en marzo de 1963 y ese mismo año, Picasso aceptó un encargo para ejecutar una escultura de unos 20 metros para el nuevo Civic Center de Chicago. En enero del año siguiente, la retrospectiva "Picasso y el hombre" se inauguró en el Art Gallery de Toronto en Canadá. Consistiendo de 273 obras del período 1891–1961, la exposición duró hasta medidados de febrero antes de ser trasladada a Montreal por un mes. En mayo, una gran retrospectiva picassiana fue presentada en el Museo Nacional de

Arte Moderno en Tokio, Japón, y el libro de Brassaï,
Conversaciones con Picasso fue publicado por Gallimard.

Un homenaje, si se le puede considerar tal, con el
que Picasso no estaba contento fue la publicación
de los recuerdos de Françoise Gilot, bajo el título *Mi
vida con Picasso*. El libro no presenta a Picasso desde
un punto de vista enteramente negativo, aunque
Gilot sí lo pinta como un genio egocéntrico y algo
inmaduro emocionalmente. Pero a Picasso le importaba poco si el libro le halagaba o no; estaba en
contra de su publicación principalmente porque
consideraba que el tema de su relación con la autora
era demasiado íntimo para revelarlo a un público
masivo. También prefería poder controlar su imágen
en los medios de comunicación.

Intentando desesperadamente parar la publicación
por entregas del libro en la revista *Paris-Match,* Picasso
se dirigió a los tribunales franceses, llamando la obra
una "intrusión intolerable" en su vida privada. Sin
embargo, los tribunales rehusaron emitir una orden
parando la publicación por entregas. Picasso luego
demandó a Calmann-Lévy, la editorial que publicaba
el libro en Francia, y le pidió al tribunal que prohibiera
la publicación el libro, pero el caso fue desestimado.
No dándose por vencido, apeló, apoyado por 40 de los
más famosos artistas e intelectuales franceses de la
época. Al final, el tribunal de apelaciones decidio que
"la intimidad no es propiedad exclusiva de ninguno
de los amantes." Al igual que Picasso había ejercido su
derecho de pintar a Gilot, ella tenía el derecho de
retratarlo como ella lo conocía. Se denegó la apelación
de Picasso, y el libro fue publicado.

A comienzos de los 60, el artista seguía haciendo
experimentos e innovando, todo ésto mientras creaba
más obras que los artistas que tenían menos de la
mitad de su edad. Sólo en 1962, ejecutó más de 100
grabados, entre otras piezas, y en 1964 terminó la
maqueta para la escultura del Civic Center basada en

su obra de metal *Cabeza de mujer* de 1962. Pero en 1965, la salud de Picasso empezó a deteriorar. Fue ingresado en noviembre de ese año en el Hospital Americano en Neuilly y fue intervenido quirúrgicamente de la vesícula y la próstata. Dejó de fumar durante su convalescencia.

Mientras tanto, continuaban los homenajes. En noviembre de 1966, una grandísima exposición picassiana se inauguró en París. Bajo la dirección del escritor francés André Malraux, entonces el Ministro francés de Cultura, la gran retrospectiva fue presentada

La escultura de acero soldado, Cabeza de mujer, *terminada en 1964, muestra el interés incansable de Picasso en hacer experimentos con formas y técnicas. Su vigor físico era igualmente sorprendente: solo en 1962, a la edad de 81 años, había terminado más de 100 grabados.*

por el gobierno francés e incluía más de 700 obras. Se exhibían los cuadros en el Grand Palais; los dibujos, las esculturas, y la cerámica en el Pétit Palais; y los grabados en la Biblioteca Nacional de Francia. Al año siguiente, la Tate Gallery de Londres presentó una exposición importante de las esculturas y la cerámica de Picasso; duró desde octubre hasta finales de ese año.

A medida que se cerraba la década, estaba claro que la fuerza física de Picasso declinaba. Aunque produjo 347 grabados durante el período de febrero a marzo de 1968 y continuó a pintar, sus amigos sabían que se acercaba el final de su vida. Después de todo, tenía 90 años. Pero Picasso insistía que se sentía estupendamente y dijo, "Sabe usted, nunca se debe igualar la edad a la muerte. Lo uno no tiene nada que ver nada con lo otro."

A principios de los 70, las numerosas retrospectivas picassianas presentadas a través del mundo, parecían anticipar el final de la larga y prolífica vida del artista. En enero de 1970 la familia Picasso en Barcelona donó todos los cuadros y esculturas en su posesión al Museo Picasso. En octubre de ese año, se inauguró la exposición "Picasso: Grabador Maestro" en el Museo de Arte Moderno de Nueva York y en diciembre empezó "La Época Cubista" en Los Angeles. La exposición de Los Angeles se trasladó al Museo Metropolitano de Nueva York en 1971. Ese mismo año, los neoyorquinos afluyeron al Museo de Arte Moderno para ver una exposición de la colección de Gertrude Stein, que incluía 38 obras de Picasso. William Rubin, el conservador principal del Museo de Arte Moderno, se reunió con Picasso para discutir sobre una gran retrospectiva y un libro relacionado. El 25 de octubre de 1971 se inauguró una exposición de las obras picassiana en la Gran Galería del Louvre, en París, para honrar al artista en su 90 cumpleaños. Y, finalmente, en enero de 1972, la exposición organizada por Rubin,

A pesar de problemas crecientes de salud, al cumplir los 90 años, Picasso seguía trabajando y mantenía el punto de vista de un hombre cuya carrera acababa de empezar. "Uno nunca debe igualar la edad a la muerte," dijo.

"Picasso en la colección del Museo de Arte Moderno," se inauguró en Nueva York.

Picasso seguía trabajando, produciendo principalmente dibujos y grabados. Ejecutó 157 aguafuertes entre enero de 1970 y marzo de 1972. En el otoño de 1972, el artista fue ingresado en el hospital con una grave congestión pulmonar; el rumor de la muerte inminente de Picasso barrió París. Pero los rumores eran algo prematuros. A principios de 1973 pintó *Personaje con pájaro,* y una variación sobre el *Halconero* de Rembrandt. A principios de abril le escribió a

Marie-Thérèse Walter, diciéndole que ella había sido la única mujer que había amado.

Pero el 8 de abril de 1973, el gran Picasso ya no podía sostenerse. Se llamó al médico, pero este pudo hacer muy poco para prolongar la vida del artista. Masajeó el pecho del paciente, y durante unas horas Picasso respiraba con dificultad. Llamó a Jacqueline, quien estaba a su lado. Finalmente, el corazón dejó de funcionar a las 11:45 esa mañana. Picasso dejo de existir.

Todo lo que se puede decir de Picasso palidece al lado de lo que él mismo dijo a través de sus obras. Dejó unas 50,000 obras de arte, incluyendo 1,885 cuadros; 1,228 esculturas; 2,880 piezas de cerámica; 18,095 grabados; 6,112 litografías; y aproximadamente 12,000 dibujos, además de numerosos linóleums, tapices y alfombras, sin mencionar sus cartas, poesías y obras de teatro. Soló una parte de esta colección de obras bastaría para establecer a Picasso como uno de los genios artísticos del siglo y, sin duda, uno de los artistas más revolucionarios que jamás manejó el pincel.

A Picasso se le coloca al lado de los creadores más brillantes del siglo XX—su amigo, el pintor Henri Matisse; los grandes escritores James Joyce, William Faulkner, Franza Kafka, T. S. Eliot y Samuel Beckett; el filósofo Jean-Paul Sartre; los compositores Igor Stravinsky, Arnold Schönberg, Béla Bartók; y el destacado físico Albert Einstein—y como ellos, vivirá para siempre a través de sus obras. El siglo XX contaba con la visión y el talento de estos individuos, y quizás unos pocos más, para captar el caos y la desesperación de la edad moderna para la posteridad. Reunieron la fuerza necesaria para enfrentarse a una época de brutal violencia y de alcanzarle un espejo, para que las generaciones futuras no corrieran la misma suerte, repitiendo nuestros más trágicos errores.

CRONOLOGÍA

1881	Nace Pablo Ruiz Picasso en Málaga, España, el 25 de octubre
1891	La familia se muda a La Coruña en el noroeste de España
1892	Picasso empieza su aprendizaje artístico al ingresar en el Instituto Da Guarda en La Coruña
1895	Muere Conchita, la hermana de Picasso; la familia se muda a Barcelona, donde Picasso ingresa en la Llotja
1897	Picasso ingresa en la Real Academia de San Fernando en Madrid; gana una medalla de oro por su cuadro *Ciencia y caridad* en la Exposición Provincial de Málaga
1898	España firma el Tratado de París, terminando la Guerra de Cuba; España se hunde en una depresión económica
1899	Picasso vuelve a Barcelona, abandona la Llotja y lleva una vida bohemia
1900	Expone sus obras en el café Els Quatre Gats; viaja a París por primera vez
1901–4	Tiene lugar en París su primera exposición importante, que atrae la atención del mundo del arte; empieza a pintar cuadros más sombríos—entre ellos: *Niño con una paloma en la mano, Dos saltimbanquis* y *El viejo guitarrista*—que serán agrupados más tarde en la época azul
1904	Se establece definitivamente en París y se muda a Le Bateau Lavoir (El barco lavadero); conoce a Fernande Olivier; empieza la época rosa al manifestar tonos más claros los cuadros de Picasso, muchos de ellos figuras de circo
1906	Se interesa en el arte africano, lo que influye su retrato de Gertrude Stein

1907	Pinta *Les Demoiselles d'Avignon* (Las señoritas de Avignon) produciendo una revolución en el arte del siglo XX; conoce a Georges Braque, con quien crea el cubismo
1910	Se exponen los cuadros de Picasso en Inglaterra, Alemania y Hungría
1911	Picasso tiene su primera exposición en Nueva York, donde la mayoría de los críticos arrementan contra sus obras; termina su relación de siete años con Fernande Olivier
1912	Empieza a lograr fama internacional; hace experimentos con el cubismo sintético; crea *Bodegón con asiento de rejilla,* el primer collage del mundo
1914–18	Se niega a tomar parte en la Primera Guerra Mundial y pasa los años de la guerra en París; colabora en el controvertido ballet *Parade;* se casa con Olga Kokhlova
1920–30	Figura fundamental en el mundo del arte internacional, Picasso explora el surrealismo y la escultura
1921	Nace su hijo, Paulo
1927	Una gran exposición, "Treinta Años de Picasso," se inaugura en Londres
1935	Marie-Thérèse Walter da a luz a María de la Concepción, hija de ella y de Picasso
1936	Comienza la Guerra Civil Española; Picasso está entre los artistas representados en la exposición del Museo de Arte Moderno "El cubismo y el arte abstracto"
1937	Los fascistas bombardean la ciudad de Guernica; en protesta, Picasso pinta el *Guernica,* un mural para el Pabellón Español en la Exposición Internacional de París
1939–40	Los fascistas triunfan en España; empieza la Segunda Guerra Mundial; Picasso permanece en París bajo la ocupación alemana

1944	La obra de teatro de Picasso *El deseo atrapado por la cola* es representada por los principales artistas franceses
1945	Al terminar la Segunda Guerra Mundial, Picasso se afilia al partido Comunista; pinta muchos lienzos anti-bélicos
1947	Françoise Gilot da a luz a Claude, hijo de ella y de Picasso
1948	Se muda a Vallauris y revitaliza la industria de alfarería del pueblo
1949	Nace su hija, Paloma
1950	Picasso asiste a la Segunda Conferencia Mundial de la Paz en Sheffield, Inglaterra; se le concede el Premio Lenin de la Paz
1957	Una gran exposición en los Estados Unidos marca el 75 cumpleaños de Picasso
1961	Se casa con Jacqueline Roque; se muda a una villa nueva en Mougins, Francia
1962	El Museo de Arte Moderno organiza una gran exposición honrando a Picasso en su 80 cumpleaños
1963	Se inaugura el Museo Picasso en Barcelona
1966	Una gran exposición tiene lugar en París, organizada bajo los auspicios del Ministro de Cultura, André Malraux; los cuadros alcanzan precios récord
1971	Se nombra a Picasso ciudadano de honor de París; hay ceremonias a lo largo del mundo para marcar su 90 cumpleaños
1972	"Picasso en la Colección del Museo de Arte Moderno" se inaugura en Nueva York
1973	Picasso muere en Mougins el 8 de abril

Lectura adicional

Buchheim, Lothar Gunther. *Picasso.* Traducción por Emilio Donato. Barcelona, España: Destino, 1961.

Daix, Pierre. *Picasso creador.* Buenos Aires, Argentina: Atlantida, 1989.

Huffington, Arianna Stassinopoulos. *Picasso.* Buenos Aires, Argentina: Emece, 1988.

Palau I Fabre, Josep. *La extraordinaria vida de Picasso.* Barcelona, España: Ayma, 1972.

————. *Picasso in Catalonia.* Nueva York: Tudor, 1968.

Parmelin, Helene. *El Picasso des conocido.* Traducción por Juan Antonio G. Larraya. Barcelona, España: Planeta, 1981.

Penrose, Roland. *Picasso, su vida y su obra.* Traducción por Horacio Gonzalez Trejo. Barcelona, España: Editorial A. Vergara, 1981.

Ribes, Francisco. *Caminos abiertos por Pablo R. Picasso.* Madrid, España: Editorial Hernando, 1977.

Rodríguez-Aguilera, Cesareo. *Picasso.* Barcelona, España: Labor, 1972.

Rojas, Carlos. *El mundo mitico y mágico de Picasso.* Barcelona, España: Planeta, 1984.

Spies, Werner. *Picasso's Complete Sculpture.* San Francisco: Alan Wofsy Fine Arts, 1988.

Sutton, Denys. *The Complete Paintings of Picasso (Blue & Rose Period).* Nueva York: Penguin, 1987.

Tinterow, Gary. *Master Drawings by Picasso.* Nueva York: Braziller, 1981.

Traba, Marta. *En el umbral del arte moderno: Velázquez, Zurbaran, Goya, Picasso.* Río Piedras, Puerto Rico: Editorial Universitaria, 1973.

ÍNDICE

JOHN W. SELFRIDGE es un escritor y editor basado en Nueva York; prestando especial interés en la historia y la cultura del siglo XX. Tiene un M.A. del Teachers College de la Universidad de Columbia, un J.D. de la Facultad de Derecho de Rutgers y en la actualidad es director editorial de una prestigiosa editorial de libros escolares. Ha escrito cuatro biografías para lectores de enseñanza media, entre ellos *Mikhail Gorbachev* en la serie de Chelsea House, JUNIOR WORLD BIOGRAPHIES (Biografías internacionales para jovenes).

RODOLFO CARDONA es Profesor de Español y Literatura Comparada de la Universidad de Boston. Investigador de renombre, ha escrito muchas obras de crítica, incluyendo *Ramón, a Study of Gómez de la Serna and His Works* (Ramón, un estudio de Gómez de la Serna y su obra) y *Visión del esperpento: Teoría y práctica del esperpento en Valle-Inclán*. Nació en San José, Costa Rica, hizo su licenciatura y maestría en la Universidad del Estado de Louisiana y recibió un Doctorado en Filosofía y Letras en la Universidad de Washington. Ha enseñado en la Universidad de Case Western Reserve, la Universidad de Pittsburgh, la Universidad de Texas en Austin, la Universidad de New Mexico y la Universidad de Harvard.

JAMES COCKCROFT es actualmente Profesor Visitante de Estudios Latinoamericanos y del Caribe de la Universidad de Nueva York en Albany. Tres veces ganador de la beca Fullbright, recibió su doctorado de la Universidad de Stanford y ha enseñado en la Universidad de Massachusetts, la Universidad de Vermont, y la Universidad de Connecticut. Es autor o co-autor de numerosos libros sobre asuntos latinoamericanos, incluyendo *Neighbor in Turmoil: Latin America* (Vecinos en confusión: La América Latina), *The Hispanic Experience in the United States: Contemporary Issues and Perspectives* (La experiencia hispana en los Estados Unidos: Problemas y perspectivas del momento), y *Outlaws in the Promised Land: Mexican Immigrant Workers and America's Future* (Foragidos en la tierra prometida: Obreros inmigrantes mexicanos y el futuro de América).

CRÉDITOS DE FOTOGRAFÍA